心一堂彭措佛緣叢書・索達吉堪布仁波切譯著文集

心經講記與實修法
附 心經要義辨析

堪布索達吉仁波切 講解

Śūnyatā

書名：心經講記與實修法　附　心經要義辨析
系列：心一堂彭措佛緣叢書・索達吉堪布仁波切譯著文集
原著：索達吉堪布仁波切
責任編輯：陳劍聰
封面唐卡：千手千眼觀世音菩薩與十六尊者（依布達拉宮珍藏老唐卡而畫），
　　　　　徐中孟先生藏

出版：心一堂有限公司
地址/門市：香港九龍尖沙咀東麼地道六十三號好時中心LG六十一室
電話號碼：+852-6715-0840　+852-3466-1112
網址：www.sunyata.cc　publish.sunyata.cc
電郵：sunyatabook@gmail.com
心一堂 彭措佛緣叢書論壇：　http://bbs.sunyata.cc
心一堂 彭措佛緣閣：　　　　http://buddhism.sunyata.cc
網上書店：　　　　　　　　http://book.sunyata.cc

香港及海外發行：香港聯合書刊物流有限公司
地址：香港新界大埔汀麗路三十六號中華商務印刷大廈三樓
電話號碼：+852-2150-2100
傳真號碼：+852-2407-3062
電郵：info@suplogistics.com.hk

台灣發行：秀威資訊科技股份有限公司
地址：台灣台北市內湖區瑞光路七十六巷六十五號一樓
電話號碼：+886-2-2796-3638
傳真號碼：+886-2-2796-1377
網絡書店：www.bodbooks.com.tw
台灣讀者服務中心：國家書店
地址：台灣台北市中山區松江路二〇九號一樓
電話號碼：+886-2-2518-0207
傳真號碼：+886-2-2518-0778
網絡網址：http://www.govbooks.com.tw/

中國大陸發行・零售：心一堂・彭措佛緣閣
深圳地址：中國深圳羅湖立新路六號東門博雅負一層零零八號
電話號碼：+86-755-8222-4934
北京流通處：中國北京東城區雍和宮大街四十號
心一店淘寶網：http://sunyatacc.taobao.com/

版次：二零一五年七月初版，平裝

定價：　港幣　　　一百二十八元正
　　　　新台幣　　四百九十八元正

國際書號 ISBN 978-988-8316-94-6

目錄

心經講記與實修法　附　心經要義辨析

聖般若波羅蜜多心經

法成法師　譯藏

任傑　由藏譯漢

如是我聞，一時薄伽梵住王舍城鷲峰山中，與大比丘眾，及諸菩薩摩訶薩俱。

爾時，世尊等入甚深明了三摩地法之異門。復於爾時，觀自在菩薩摩訶薩，行深般若波羅蜜多時，觀察照見五蘊體性，悉皆是空。

時具壽舍利子，承佛威力，白聖者觀自在菩薩摩訶薩曰：若善男子，欲修行甚深般若波羅蜜多者，復當云何修學？

作是語已，觀自在菩薩摩訶薩答具壽舍利子言：若善男子及善女人，欲修行甚深般若波羅蜜多者，彼應如是觀察，五蘊體性皆空。

色即是空，空即是色，色不異空，空不異色，如是受想行識，亦復皆空。

是故舍利子，一切法空性，無相無生無滅，無垢離垢，無減無增。

舍利子，是故爾時空性之中，無色，無受，無想，無行，亦無有識。無眼，無耳，無鼻，無舌，

1

無身，無意。無色，無聲，無香，無味，無觸，無法。無眼界乃至無意識界。

無無明，亦無無明盡，乃至無老死，亦無老死盡。無苦集滅道，無智無得，亦無不得。

是故舍利子，以無所得故，諸菩薩眾，依止般若波羅蜜多。心無障礙，無有恐怖，超過顛倒，究竟涅槃。

三世一切諸佛，亦皆依般若波羅蜜多故，證得無上正等菩提。

舍利子，是故當知般若波羅蜜多大密咒者，是大明咒，是無上咒，是無等等咒，能除一切諸苦之咒，真實無倒，故知般若波羅蜜多，是秘密咒。

即說般若波羅蜜多咒曰：峨帝峨帝，波羅峨帝，波羅僧峨帝，菩提薩訶。

舍利子，菩薩摩訶薩，應如是修學甚深般若波羅蜜多。

爾時世尊從彼定起，告聖者觀自在菩薩摩訶薩曰：善哉善哉，善男子，如是如是，如汝所說，彼當如是修學般若波羅蜜多，一切如來，亦當隨喜。

時薄伽梵說是語已，具壽舍利子，聖者觀自在菩薩摩訶薩，一切世間天人阿蘇羅乾闥婆等，聞佛所說，皆大歡喜，信受奉行。

聖般若波羅蜜多心經

般若波羅蜜多心經

[唐] 玄奘三藏法師 漢譯

觀自在菩薩。行深般若波羅蜜多時。照見五蘊皆空，渡一切苦厄。舍利子。色不異空，空不異色，色即是空，空即是色，受想行識，亦復如是。舍利子。是諸法空相，不生不滅，不垢不淨，不增不減。是故空中無色，無受想行識，無眼耳鼻舌身意，無色聲香味觸法。無眼界，乃至無意識界。無無明，亦無無明盡，乃至無老死，亦無老死盡。無苦集滅道，無智亦無得。以無所得故，菩提薩埵，依般若波羅蜜多故，心無掛礙，無掛礙故，無有恐怖，遠離顛倒夢想，究竟涅槃。三世諸佛，依般若波羅蜜多故，得阿耨多羅三藐三菩提。故知般若波羅蜜多，是大神咒，是大明咒，是無上咒，是無等等咒，能除一切苦，真實不虛。故說般若波羅蜜多咒，即說咒曰：揭諦揭諦，波羅揭諦，波羅僧揭諦，菩提薩婆訶。

《般若波羅蜜多心經》

《般若波羅蜜多心經》講記

索達吉堪布　釋講

今天我在這裏為大家簡單地講解一下《般若波羅蜜多心經》的大概內容。

按理說，聽聞佛法的要求是很嚴格的。在《普賢上師言教》等論著中，一開始就宣講了聞法的方式，包括發心、依止四想、具足六度等應取之行為，以及三過、六垢、五不持等所斷之行為。如果沒有如理如法地聽聞佛法，就會有很大過失。

雖然在座的部分道友，是聽過很多法的，對聽法的要求也很清楚；但也有一些道友，卻從來沒有真正聽聞過佛法，因而對聞法的要求也不太懂。因為聽眾基礎的參差不齊，所以也不能要求太高，此處只是希望大家在聽法過程中，能關掉一切通訊設備，認認真真、聚精會神地聆聽。盡管對很多人來說可能不太習慣，但堅持短暫的一兩個小時，應該不是太大的問題。

（你看看，發了菩提心的人就是不一樣，連關一個手機，都要弄出那麼好聽的音樂聲，讓大家生起歡喜心。）

（眾笑）

在正式講《心經》之前，我先給大家講一下學佛的要領。

一、堅持放生

今天的放生活動，很多道友都參加了，看來個個都很歡喜。這次規模不大不小的放生，應該說是比較成功的。

對我個人而言，放生是我一生中最重要的事情，所以，我希望大家能重視可憐眾生的生命，能長期堅持定期與不定期的放生。

我與你們的負責人也商量了，今後每個月，這裏會組織一次放生。以我們多年放生的經驗來看，這裏放生的條件，應該說是很好的。因為水庫有專人看管，所以不會出現所放生命被捕撈的情況。以前我們在放生的時候，就遇到過這種事情，這邊剛剛放下去，那邊就被撈起來了，無論怎樣勸阻，都無濟於事，大家都非常心疼。

這裏不論放生水庫的環境，還是距離的遠近，都特別令人滿意。現在很多人都有私家車，從住家到水庫，也用不了多少時間。對一個發了菩提心的人來說，做到這一點也並不是很困難的事。

我們在成都放生的時候，每天來回的路程將近兩百公里。早上七點多出發，等放生完畢回到成都吃午飯，已經是下午三、四點了，路上只有用一些乾糧充充饑。雖然條件這麼艱苦，但大家都毫無怨言。本來慈誠羅珠堪布還有很繁重的教學任務，但為了把從各地集中的放

《般若波羅蜜多心經》講記

生款用到實處，使更多的眾生能夠獲得解脫，他每年都在百忙中抽出一段時間來親自放生。

然而，有些人卻認為，我的工作太忙了，沒有多餘的時間，只要我能隨喜別人的放生功德，或者捐一點錢，就不用親自參加放生了。

雖然這樣也未嘗不可，還是有一些功德，但有誰能保證自己能夠發心清淨地隨喜、捐錢呢？世間事務與解脫相比，哪一個更重要呢？要知道，放生不僅僅是無畏布施，更重要的是法布施。也就是說，我們要做的，不只是賜予那些眾生生命，還要為那些愚癡的眾生念誦佛菩薩的名號等放生儀軌和《普賢行願品》，用經書、轉經筒為它們加持，並給它們餵食甘露丸。

如果不念誦這些儀軌，這些眾生就只能得到一次生命，而得不到解脫的因緣，這是非常可惜的。無始以來，包括這些眾生和我們，都曾得到過無數次的生命，但又有什麼價值呢？我們不都還在輪迴中受苦受難嗎？只有通過給它們念誦儀軌，才能在它們的心間播下解脫的種子，這才是最有意義的。

另外，整個放生過程還要以六度以及三殊勝來攝持。對所放的眾生，要有極其強烈的悲憫之情，這樣一來，我們才能因旁生的愚昧、悲慘、無依無靠，聯想到六道輪迴的痛苦，繼而生起出離心和菩提心。

如果只是抱著好玩或者無所謂的態度，既不為它

心經講記與實修法　附　心經要義辨析

們念經，也不參加勞動，只是忙於拍照、玩耍，看到別人因為擡魚筐、稱重量而累得揮汗如雨，也只是袖手旁觀，生怕弄髒了時髦的衣服或累壞了嬌貴的身體。這種郊遊式的放生究竟有多大意義，誰也說不清楚，因此，對很多人而言，無論作任何善事，最好能身體力行，僅有發心還不夠，還應當親自去做，這樣才會有更大的意義。

為了救度眾生，即使辛苦一點，也是值得的。世間很多人為了打麻將、打電子遊戲，都可以通宵達旦、徹夜不眠；為了去征服某一座山峰，可以累得汗流浹背、氣喘籲籲；登山、攀岩和航海這類運動，向來危險叢生，世人卻趨之若鶩；高空作業、替身演員、警察和賽車手都是高危行業，但從業者卻向來不乏其人。

這幾年礦難頻發，死難的礦工令人同情。令人深思的是，礦工要避開危險，完全可以選擇別的工作，但他們為什麼沒有選擇離開呢？就是因為在礦主支付的工資裏，已經包含了足夠的風險補償。世間人為了一些蠅頭小利，都可以鋌而走險，甚至不惜生命，但為了來世的解脫，為了眾生的利益，卻捨不得付出少量的時間和精力，這就是《修心七要》裏面所講的「忍耐的顛倒」和「意樂的顛倒」。

去年慈誠羅珠堪布放生期間，忽然急性闌尾炎發作。手術後，傷口很久都沒有恢復。出院不久，他便不

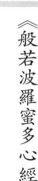

8

顧尚未復原的身體，堅決要親自參加放生。每天一大早，他便腰纏繃帶，坐上汽車，開始了一天顛簸的旅程。盡管這樣對他的傷口極為不利，但他卻始終沒有退卻，醫生和同伴再三勸阻也沒有用。連堪布這樣的高僧大德，在放生方面都任勞任怨、事必躬親，作為我們這些普通人，一點點的辛苦又算得了什麼呢？

不論你有什麼信仰，學什麼教派，愛護生命、保護動物，應該是人類共同的願望，也符合國家的有關政策。如果我們能盡心竭力地參與放生，不僅對眾生有利，同時也是有很大功德的。《大智度論》當中也講過：「諸功德中，放生第一。」

在大家知道了放生的方法，念誦的儀軌，以及其他註意事項，並盡力端正自己的發心以後，放生才能起到更大的作用。

我相信，當正規的放生成為這裏的一種規矩或傳統以後，也就沒有太大的困難，一切程序都會逐漸規範起來。迄今為止，成都的放生已經堅持九年了，在九年當中，雖然遇到過各種違緣，但大家都挺了過來。而現在很多大城市裏面的人，卻把寶貴的時間和金錢，都花在吃喝玩樂方面了。要知道，與其做這些沒有意義的事，不如去救助一條生命。我所講的第一件事，就是懇請大家能重視放生。

二、端正發心

有些人學佛的目的，就是為了獲得某些神通；或者為了讓別人對自己頂禮膜拜；或者為了自己擺脫痛苦、獲得解脫；還有一些人學佛的目的，是為了賺取金錢，求得聲譽……這些人學佛的目的，都是不純正的。

我曾經在一些著名的大寺院，看到燒香拜佛的人川流不息，心裏非常高興。有好幾次，我偷偷地走到哪些看似虔誠的信徒前，聽他們究竟向佛求些什麼，結果我聽到的，無非是「觀音娘娘啊！求求你保佑我生一個大胖小子吧！」「佛菩薩啊！保佑我發大財、掙大錢吧！」等等，很多人的求神拜佛，也只是升官發財、謀求自利的一種手段而已。

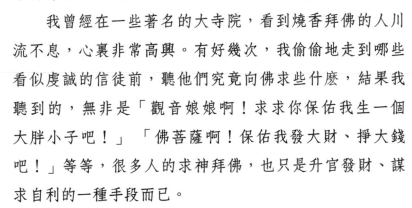

記得有一個寓言，講的是醫生和他兒子的故事：醫生辛苦一生，贏得了眾多患者的信任，同時也養活了一家老小。多年後，醫生因年老而退休，兒子繼承了父業。

不久後的一天，兒子回家向父親炫耀說：「那個你一輩子都沒有治好的病人，我只用了幾付藥，就徹底治好了他的病，你說我怎麼樣？」

不料父親勃然大怒：「你怎麼能治好他的病呢？我們一家人的生活，就是靠他的醫療費來維持的啊！這下子，我們又靠誰來養活呢？」

兒子聽了不禁啞然。

《般若波羅蜜多心經》講記

以前聽了這個故事，只是把它當成一個笑話，並沒有特別在意，然而，越來越多的事實證明，社會上很多人為了賺錢，真可謂不擇手段，與前者相比，實在是有過之而無不及。

發生在哈爾濱與深圳的「天價醫藥費事件」，就是其中的典型事例——患者翁文輝在哈爾濱醫大二附院住院66天，花了550萬元的醫藥費，卻並沒有保住自己的性命；患者諸少俠在深圳市人民醫院住院119天花費達120萬元，病人進了殯儀館還收搶救費……

這只是無數典型事例當中的一件，近年來，不知有多少翁文輝、諸少俠被盤剝、被克扣、被欺詐；有多少無權無勢、囊中羞澀的患者被沈重的醫療費逼得苦不堪言。

不知在這些醫療費的「得益者」當中，有沒有皈依了佛門的佛教徒，如果有的話，那就是空有虛名的佛教徒。

要知道，對真正的佛教徒而言，不要說不惜人倫道德，無視因果報應，唯利是圖、利欲熏心這些可怕的念頭，就連貪圖世間享受這些世人認為乃人之常情的事情，都是應當杜絕的解脫之障！

宗喀巴大師在《三主要道論》當中說過，佛法的要點，就是是出離心、菩提心與無二慧。

其中第一個要領，是出離心。

所謂的出離心，就是希求從三界輪迴中獲得解脫的心念。這是佛教徒的起碼要求，南傳佛教最重視的，也是出離心。

　　有些道友皈依佛門、燒香拜佛十幾年了，雖然自稱為佛教徒，但他學佛的目的，就是為了獲得世間的有漏之樂。不少佛教徒都是如此，在毫無意義的事情上面，可以不惜工本，花費大量精力，而在佛法方面，卻十分吝惜自己的時間，要知道，僅僅為了在輪迴中過上錦衣玉食、榮華富貴的日子而學佛，就算不上是真正的佛教徒，因為即使是小乘的修行人，都應當具備出離心。

　　也許有些人對自己的現狀很滿意，認為自己衣食無憂、家庭幸福，沒有必要發願出離輪迴。這就是不懂因果業報、生死輪迴的表現。

　　在茫茫無際的輪迴征程中，能投生為人是極其稀有難得的，百年之後，世間的絕大部分人都將前往惡趣。一旦去往惡趣，就再也沒有獲取解脫的自由了。今生過得好，誰敢保證自己來世的去向？不要說來世，就是在今生，誰又能保證自己的晚年可以安享清福、悠遊自在呢？我們現在所處的景況，只是幽暗輪迴中少有的一絲光亮而已，因此，在身心比較自由的時候，我們應該想盡一切辦法出離輪迴。

　　佛法的第二個要領，是菩提心。

　　所謂菩提心，就是為利益無邊無際的眾生而發誓成

《般若波羅蜜多心經》講記

佛的決心。

　　大乘佛教與小乘佛教的區別，以是否具有菩提心為衡量界限。以前阿底峽尊者也說過：大乘佛教與小乘佛教之間，以菩提心來劃分；佛教與外道之間，以是否皈依三寶來劃分。

　　漢傳佛教與藏傳佛教都屬於大乘佛教，作為隨學的佛弟子，就不能僅僅為了自己的解脫而學佛，而應發誓為一切眾生修持無上菩提。

　　一切眾生都是我們往昔的大恩父母，只是因為無明的遮障，才使我們不但相見不能相認，而且形同陌路，甚至互相敵視、互相仇恨，誓與對方不共戴天。戰場上相互廝殺的一對士兵，也許曾經是生死相依的一對母子；商場上爾虞我詐的一對商人，也許曾經是海誓山盟的一對戀人；政壇上決一雌雄的一對政客，也許曾經是患難與共的一對密友……這不是聳人聽聞的臆造，而是確鑿有據的事實。稍有輪迴常識的人，都可以推出這樣的結論。

　　我們可以推想，如果當事人知道自己的敵人，曾經是最疼愛自己的人，也是自己最惦念的人時，他們會作何感想，他們還能不假思索地高舉起手中的武器，還能拿出足以置對方於死地的殺手鐧嗎？絕不可能！他們會當下化干戈為玉帛，緊緊地擁抱在一起，並願意犧牲一切去利益對方。

心經講記與實修法　附　心經要義辨析

既然我們現在已經知道了輪迴的真相，又怎麼能忽視這一切，不為曾對自己恩重如山的父母做點什麼呢？

實際上，一切煩惱的根源，就是建立在我執之上的自私，如果不能斷除貪愛自己的念頭，必將永遠遭受輪迴痛苦的煎熬。

法王如意寶曾寫過一篇教言，叫做《勝利道歌》，裏面也講過：「沈溺惡境輪迴眾，為得究竟安樂地，當負利他心行責，應舍愛自如毒食。」作為沈溺在輪迴苦海當中的凡夫，為了獲得究竟安樂的佛果，就應當肩負起利益他眾的責任，像躲避毒藥一樣地斷除我執和我所執。

如果獲得解脫的目的，僅僅是為了自己而修行，是沒有太大意義的。要知道，一切的痛苦都源於自己的欲望，一切諸佛的功德皆源自利他之行。只有斷除珍愛自己的我執，菩提心才能順利地生起。

佛法的第三個要領，是無二慧。

所謂無二慧，也即證悟一切萬法為空性的無我智慧。如果沒有證悟空性，就不可能從輪迴中獲得解脫。

這個含義比較深，今天我們講《心經》，也就是為了讓大家能夠了解一點空性的知識，至少也能播下一顆空性的種子。

如果能夠往以上三個方向去努力，才算是一個真正的佛教徒。

《般若波羅蜜多心經》講記

三、精誠團結

濁世眾生因煩惱的逼迫，會不由自主地生起各種污濁不堪的念頭——極端的仇恨、強烈的嫉妒、失控的貪執、增上的我慢……看到別人的功德或受用超過自己，就如同芒刺在背一般不得自在；看到自己的對手遭遇不幸，便幸災樂禍、拍手稱快；當別人好意提醒自己時，不但不反省改過，反而心懷不滿，甚至伺機報復……

現在佛教內部，也存在著很多不和合的現象。當然，作為修證尚未圓滿的凡夫，生起不好的念頭也是情理之中的事情，然而，如果不以為恥、反以為榮，不但不悔過自新，反而變本加厲，到處去宣傳別人的「過失」，讚美自己的「功德」，那就應當受到譴責了。

且不說大乘菩提心，哪怕小乘行人，也強調獨善其身。想想我們的所作所為，究竟哪一點符合「諸惡莫作、眾善奉行、自淨其意」的宗旨？既然自詡為佛教徒，就要盡心竭力地仿效佛陀的行為，即使現在做不到，也要以此為目標。如果反其道而行之，就不配為佛教徒！因此，希望佛教徒內部，盡量不要出現這樣的問題。

這裏的實際情況究竟怎樣我還不了解，但看起來氣氛很不錯。這幾天來了很多修學不同教派的居士，大家都相處得很融洽，看不出有什麼教派與教派之間的競爭心與忌妒心，這是非常令人欣慰的。

心經講記與實修法　附　心經要義辨析

只有佛教徒之間團結合作、和睦相處，佛法才會有前途，不管你是修學南傳佛教、漢傳佛教還是藏傳佛教；是修學漢傳佛教當中的淨土宗、禪宗、華嚴宗；還是修學藏傳佛教的格魯派、薩迦派或寧瑪派，實際上都是釋迦牟尼佛為了適應不同根基的眾生，而親自傳下來的殊勝正法，我們都是釋迦牟尼佛的弟子，都是走解脫道的道友。既然是志同道合的道友，就應該攜起手來共同進步，又何必斤斤計較、睚眥必報，或者互相輕視、自讚毀他呢？

弟子與弟子之間，不要相互攀比、較量高低，說誰的上師好，誰的上師不好；誰的修法有問題，誰的見解、行為不如法，誰的根器太下劣等等，引起種種幫派矛盾、門戶之爭；上師與上師之間，更不要相互詆毀，即使是小小的摩擦，也最好不要發生，否則對弘揚佛法、利益眾生不但沒有幫助，還會讓旁人生起邪見，助長弟子之間的紛爭，使他們斷失善根，甚至捨棄正法。

稍微有一點佛教常識的人都知道，一切外境都只不過是心的幻變。自己所感受到的不清淨，只能證明自己的心有垢染，常不輕菩薩能視眾生為佛菩薩，好的修行人都只是觀自己的過失。雖然我們做不到這點，但也不要隨意評點別人的行為，有誰能肯定自己所見到的不如法現象不是佛菩薩的顯現呢？在印度八十大成就者當中，很多成就者的表現都是荒誕古怪、不合常規的，作

《般若波羅蜜多心經》講記

為凡夫，又有誰能了解他們的內在呢？

也許，在我們討厭、憎恨甚至辱罵的道友當中，就有佛菩薩的化現。退一萬步說，即使不是佛菩薩，但其中的很多人也是發了世俗菩提心的發心菩薩，對這種人生起惡念，果報也是非常嚴厲的，因此，在看待別人過失的問題上，我們還是應該三思而後行！

意大利畫家莫迪里阿尼所畫的肖像畫有一個突出特點，就是許多成人只有一只眼睛，當別人問他是何用意時，畫家的回答非常耐人深思：「這是因為我用一只眼睛觀察周圍的世界，用另一只眼睛審視自己。」連這些世間人都知道審視自己，我們這些佛教徒又做得如何呢？我想，我們還是盡量望內審視，少去觀察、評論他眾吧！

四、恒修正法

雖然你們當中的很多人對佛法有一些信心，也希望我和學院的其他道友能經常到這裏來傳法，並舉行一些對眾生有利的活動，自己也能從中受益，但這卻是我們心有餘而力不足的事情，所以，在沒有外緣督促的情況下，能自覺自願地恒常修持，才是最關鍵的。

雖然我們今天傳講了《心經》，但佛教是博大精深的，僅僅憑一兩堂課的聽聞，絕不可能測度佛教的甚深奧義，只有長期精進努力，才能一窺佛教的堂奧，所

心經講記與實修法　附　心經要義辨析

以，在堅持放生之餘，我們應當使心專註於佛法，把業餘時間盡量用在聞、思、修上面，對佛法能有恒常不懈的信心，能持之以恒，才是最有意義的。

我也思考過這些事情，盡管偶爾到這裏來一下，為大家作一些簡單的開示也並不困難，但僅憑一兩次的開示或者活動，是不能讓我們一下子就明白所有的道理，並獲得解脫的。只有在系統的聽聞、思維之後，才能對佛理生起定解，並為下一步的修持打好基礎。但願將來有機緣，能為大家創造一個系統修學的機會。

雖然我並沒有什麼知識，可以說是學識淺薄、孤陋寡聞，但以自己的人生經歷，和講經二十年的經驗來看，與所有的世間學問相比，只有佛法才是最究竟、最圓滿、最能利益眾生的。我們好不容易遇到了如此殊勝的正法，就應該好好珍惜，千萬不要將其隨意錯過。一旦錯過了這次機會，將來什麼時候才能再遇到正法，是誰也不敢打包票的！

有些人經常會問：我學到了這麼殊勝的法，又修了好幾年，為什麼還沒有開悟呢？

從無始以來，我們在輪迴中蓄積了不計其數的惡業，想要一下子將其消除，是難上其難的。如果只是心血來潮或得閑無聊的時候，才在佛堂裏念念佛、打打坐，更多的時間，都用在吃喝玩樂上面，這種一暴十寒的修行方式，是很難得益的；如果把修法當作一種消遣

《般若波羅蜜多心經》講記

或表明自己見多識廣的炫耀資本，無關痛癢地了解一些皮毛，根本沒有令法與心相融，結果也只會一事無成；如果不能一門深入地專修下去，這個法修了一點點，又去修那個法，今天跟著一個上師學一種法，明天又跟著另一個上師學另一種法，結果也將是徒勞無益。所以，我們每個人都應當選一門與自己最投緣、最相應的法，然後恒常不斷地專修下去，切不可朝三暮四、反復無常地亂修。

總而言之，希望大家能以長遠的目光、長久的精進、長期的堅持來修學佛法。

囉囉唆唆地講了一大堆，其實很多要求連我自己都沒有做到，為了能對自他的修行起到一點作用，讓我們共勉吧！

下面轉入正題，從字面上對《般若波羅蜜多心經》的主要內容，作一個簡單的介紹。（你們怎麼都有水喝，就我一個人沒有水？是不是因為我說了很多難聽話就懲罰我啊？）

（眾笑）

心經講記與實修法　附　心經要義辨析

一、緣 起

頂禮本師釋迦牟尼佛！

頂禮文殊智慧勇識！

頂禮傳承大恩上師！

　　無上甚深微妙法　　百千萬劫難遭遇

　　我今見聞得受持　　願解如來真實義

為度化一切眾生，請大家發無上殊勝的菩提心！

　　釋迦牟尼佛即將示現圓寂的時候，曾將大、小乘的八萬四千法門交付於阿難尊者，並鄭重其事地告訴他：「如果你把除了般若波羅蜜多之外的八萬四千法門全部忘掉、全部損壞了，我也不會責怪你；但如果你把般若波羅蜜多當中的一個偈頌丟失了，我就要怪罪於你！」

　　這就說明，除了般若波羅蜜多之外，整個八萬四千法門，都不及般若波羅蜜多當中一個偈頌的內容重要。

　　從釋迦牟尼佛出世轉法輪至今，已有兩千五百多年的歷史了。在如此漫長的時間當中，無論藏傳佛教，還是漢傳佛教，甚至包括泰國、新加坡的諸位高僧大德，都非常重視《般若波羅蜜多心經》。

　　在藏傳佛教中，以格魯、薩迦、噶舉、寧瑪四大教

《般若波羅蜜多心經》講記

派以及覺囊派為主的所有教派，都非常重視《心經》這部經典，都將其歸攝於各自的念誦集裏，不管早課、晚課，還是在其他時間，都經常持誦。在各個法師平時的講經修習中，《心經》也是一部不可缺少的經典。甚至包括給亡人超度、或作其他任何一個佛事，如開光、放生甚至修建房子等等，《心經》都必不可少。只要念誦了《心經》，整個事情就會非常圓滿，中間不會出現各種魔障違緣。

（我以前在學院也傳講過《心經》，但那時道友還不是很多，現在也不知那個時候的道友現在還剩下多少，因為整個世界都是無常的，眷屬無常，導師也是無常，萬事萬物隨時都在變化啊！）

在漢傳佛教中，大家也都清楚，不管在任何寺院，不管是淨土宗、禪宗，還是天臺宗等等，各寺院和各高僧大德都非常重視《心經》，此經早已是漢地很多宗派共同修持的一部經典。

不僅在大乘佛法興盛的地方，都無一例外地十分重視《心經》，甚至現在的泰國、斯裏蘭卡等以修學小乘為主的南傳佛教的僧眾，也念誦《心經》。大概是1999年以前吧，一位泰國的法師來到我們學院，當時我們也發現，在這位南傳佛教大德隨身不離的念誦集裏，《心經》排在了較為重要的位置。也許很多人也從網絡或各種新聞媒體了解到，有些國家經常在一些大型體育館等地方，舉辦講解、研討《心經》的見解及修法的專題活

心經講記與實修法 附 心經要義辨析

動，很多方面都顯示出佛教徒對《心經》的重視程度。

　　雖然唐玄奘大師所譯的這個《心經》譯本只有短短的二百六十多個字，和《金剛經》的五千多字比較起來，字數是相當少的，一部文字短小的《心經》，何以會受到如此待遇呢？

　　就像利用現代科技，能將很多資料壓縮在一張小小的光盤上一樣，短短的《心經》實際上濃縮了所有的佛法精髓。為什麼這麼說呢？

　　佛陀成道以後，在四十多年的時間內三轉法輪，為眾生宣講了八萬四千法門。其中的初轉法輪，佛陀闡演了苦、集、滅、道四諦法門；二轉法輪，佛陀開示了般若空性法門；三轉法輪，佛陀開演了光明如來藏本體。在三轉法輪的所有佛法當中，最深奧、最重要的，是二轉法輪的內容。為什麼說它最重要呢？因為二轉法輪揭示了一切萬法的真相，是三界眾生走向解脫的必經之路。所有二轉法輪的內容結集起來，就是一系列的《般若經》。

　　大家都知道，《般若經》包括廣中略三種般若。其中的廣般若，有十萬頌。藏文的長版《大般若經》，都有厚厚的十二函；中般若，有二萬五千頌；略般若，則有八千頌。所有《般若經》的精義，都包含在《攝集經》當中，如果將《攝集經》的經義加以濃縮，則就是《心經》。由此可知，佛法的精髓、心臟與核心，就是

《般若波羅蜜多心經》講記

《般若波羅蜜多心經》。換言之，《心經》所說的內容，足可統攝八萬四千法門，它是佛教大乘教典中，文字最短少，詮理最深奧微妙的經典，實可謂「芥子納須彌」。

正因為它是整個佛法的精華，所以會受到歷代後學者們的極端重視。

我們每個人的生命和精力都很有限，要想在一生當中學完八萬四千法門，把所有的佛法全部精通無礙，實在是無能為力的。如果能抓住要點，就能起到提綱挈領之效。從這個角度來說，修學《心經》是最明智的選擇。

作為一名佛弟子，能遇到這樣的殊勝妙法，也是千百萬劫積累資糧的巨大福德所感，這是肯定的。雖然我沒有神通，也不知道你們的前世是什麼樣的，但佛經裏面說過，誰能值遇大乘佛法，必然前世與佛教結下了殊勝的因緣。如果沒有這樣的殊勝因緣，即便是在夢中，也根本不可能聽到般若法門的一字一句，更不要說思維並進一步修持般若法門的精粹了，所以，我們應當生起無比的歡喜心和珍愛心。無論是出家人還是在家人，無論身在何處，都應當隨身攜帶，隨時念誦《般若心經》，將《般若心經》作為依止的對境，放在清淨高處，並經常恭敬頂戴。

現在的世間人都很忙碌，要求你們每天念誦那些較

長的經典就不太現實，但《心經》的內容卻只有兩百多個字，在每天的二十四小時內，抽出短短的兩三分鐘念誦一遍《心經》，應當不會對你們的事業、前途、家庭造成什麼影響。

聽說這裏的工作人員對《心經》很重視，每天堅持念誦《心經》，我心裏特別高興。雖然我們不一定懂得其中的所有含義，即便是出家人，如果沒有一定的理論基礎，也不一定能徹底明白它的意義，但在世俗諦當中，善有善報、惡有惡報的因果規律是毫髮不爽的，念誦《心經》對你們的即生來世必然會有一定的利益。

全知無垢光尊者是藏傳佛教中十分偉大、傑出的一位上師，他所撰著的《竅訣寶藏論》當中也說過：「信解聽聞佛法與隨喜，讚頌趨入正法稍行持，皆離輪迴播下解脫種。」凡是相信、聽聞佛經，並隨喜、稱讚者，都有不可思議的功德，所以，不管你是否信仰佛教，如果能念誦《心經》，都能與空性法門結下善緣。

因為念誦《心經》所需的時間很短，所以有些修行人天天念《心經》，但有些修行人卻認為，哪怕一天念一遍《心經》還是有困難。不過我認為，即使再忙，一天念三遍《心經》的時間應該是有的。當然，這也並不是強迫大家，只是提出希望而已。佛法不是強制性的教條，而是令對方知道其利益和功德後，自覺地去接受，這一點是很重要的。不過，作為修行人，特別是已經放

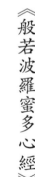

下一切俗務，一心向佛的出家人，更應該這樣做。

但如果每天只是敷衍、潦草地念誦一下表面的詞句，卻一點都不明白《心經》的意思，就只有念誦的功德，而沒有其他的價值，這樣就多少有些遺憾。假如能在念誦的同時，也懂得它的內在含義，就會具有更大的意義。

雖然《心經》的字數很少，字面意思看起來也很簡單，不像俱舍、中觀的某些論著，有很多的法相名詞或邏輯推理方法，但就像對幼兒園的小朋友講電流、光速、量子物理等高深問題，即使你磨破嘴皮，他們也是不知所云一樣，空性對我們來說也是新穎而陌生的概念，如果想徹底通達《心經》的所有內容，也是很難的。

在《心經》當中，涉及了很多世俗法相與勝義實相的概念，如果真的想搞懂，不僅要精通廣、中、略三種般若的內在含義，還有兩本書是一定要學的，一本是《俱舍論》，另一本是龍樹菩薩所著的《中論》，如果沒有學過這兩部論著，不僅你們不能徹底領會其中的內涵，我講起來也非常吃力，因為其中所涉及的很多概念，都不是三言兩語所能表達清楚的。

在《俱舍論》當中，我們可以了解到什麼是五蘊、十二處、十八界、十二緣起、四諦等等的概念，但卻尚未抉擇出這些概念的空性本質；在釋迦牟尼佛示現圓寂

25

以後，闡釋般若經典的集大成者，即是佛陀在很多經典當中親自授記過的龍樹菩薩。龍樹菩薩最重要的論典，就是《中觀根本慧論》（《中論》）。將《中論》密意詮釋得最精確、最完整的論著，當數龍樹菩薩的得意門生——聖天論師所著的《中觀四百論》，以及月稱菩薩的《入中論》和《顯句論》。通過《中論》等中觀論著的學習，我們就可以通達上述所有的概念都是空性。在有了這些基礎之後，學習《心經》內容，便是得心應手之事了。

但因為本人的智慧和講解的時間都有限，所以不可能在短暫的時間內，將《心經》的深廣內涵盡述無餘，而只能點到為止，簡單粗略地講解一下其中的皮毛之義，一方面為某些初入門者種下一些般若善種；另一方面也讓大家能了解其中的主要內容。

在座的人當中，有些人是聽聞過很多佛經的，對《心經》的內容可以說是了如指掌，所以聽我的講解就很容易；而有些人可能比我還清楚《心經》的內容，我都需要向他們討教一番，讓他們坐在下面多少有屈尊之嫌；而有的人又從來沒有聽聞過一次佛法，對於這些人而言，即使我今天使盡渾身解數，也不可能讓他們徹底明白《心經》的所有內容；也許還有一些人在聽了《心經》以後，認為《心經》裏面說得很可怕，什麼東西都不存在，簡直是聲人聽聞。不但沒有生起信心，反而會

《般若波羅蜜多心經》講記

恐慌至極，甚至生起邪見，因為《心經》的內容是很深奧的，故而不一定每個人都能接受其中的奧妙。

　　佛經當中也講過，聽聞空性的人，必須是有很大福報與智慧的人。想知道自己是否與空性法門有緣，自相續當中的空性種子是否已經成熟，就可以根據自己聽聞之後的感受來判定：如果在聽了《心經》以後，寒毛聳立，熱淚盈眶，抑制不住內心的歡喜，則證明自己前世與空性法門有緣；否則，就與空性法門還有一定的距離。

　　在藏傳佛教中盛傳著一個故事：印度有一位大名鼎鼎的智者叫阿底峽尊者，想必很多佛教徒都知道他的名字。他可不是一般的出名，在整個印度東西南北的各個地方，他的名字可以說是家喻戶曉。

　　當時，有兩位修學南傳佛教的比丘慕名來到阿底峽尊者前請求傳法。阿底峽尊者先給他們講了四諦法門與人無我的見解，兩位比丘聽後，喜笑顏開、連連稱諾；阿底峽尊者接著又給他們講了法無我與《般若心經》的內涵，誰知兩位比丘聽後，惶恐至極，連忙制止道：「大尊者！大班智達！求求你不要再講了！我們覺得很害怕！」盡管他們一再要求，阿底峽尊者仍然不予理睬。最後，兩位比丘只得捂著耳朵逃命般地跑開了。

　　阿底峽尊者就此感慨道：僅僅受持一個小乘的清淨戒律並沒有太大的意義，一定要廣聞博學，特別是要通

達般若波羅蜜多，否則，就無法精通佛的圓滿智慧。（這個公案我不一定說得非常圓滿，但大概是這個意思。）

大家可以想一想，在印度佛教盛行的年代，都會有一些小乘根器之人，雖然他們也是佛門弟子，但卻只崇尚四諦法門與人無我見解，一聽到般若法門，就膽戰心驚，那麼，在末法時期，像我們這樣的人在聽到空性法門以後，感覺難以理解或匪夷所思，也是情理之中的事情。

可能你們中有些人會想：雖然我現在沒有修加行，還無法修持大圓滿，但學《心經》肯定不在話下，因為《心經》是很簡單的法。

按照《中觀根本慧論》的觀點，般若空性法門也需要一段時間的修煉，而且要在聽眾的根基、意樂等各方面稍微成熟的時候才可傳授，否則是不能傳授的。如果你覺得自己的心相續還沒有對空性生起信心，聽《心經》可能會有些困難，有的內容不一定能接受，就可以先聽《大圓滿前行引導文》或其他一些法門，等打好基礎後再聽《心經》，這樣可能要好一些。

比如，對剛學佛的人講《心經》，他們都會疑惑：為什麼沒有眼耳鼻舌身意？為什麼沒有色聲香味觸法？我有眼睛，這是我親自能感受到的，外面存在的色聲香味這些東西，也是我親自能感受得到的，佛教到底說的是什麼啊？很多人不僅不能從中得益，反而會生起邪

《般若波羅蜜多心經》講記

見。這也是為什麼密宗大圓滿的密法要經過很長時間的訓練，如修加行等等，在打好基礎以後，才可進一步修持的原因。

　　一般說來，在剛開始學佛時，聽佛經中所講的「善有善報，惡有惡報」等人天乘的法門比較容易接受。在學習《心經》等甚深空性法門時，就需要觀察自己的根基，不僅是大圓滿，般若空性法也是同樣的道理，如果你不能接受，則不僅不能利益你，反而可能會害了你。對這個問題，大家要謹慎對待，認真反觀，觀察自己是否為聽聞修習空性法門的法器。不過我想，在座諸位應當是與空性法門有緣的，要不然也不會坐在這間教室裏。

　　現在的很多人對自己的工作、感情、財物等等非常執著，之所以全世界每年自殺的人數不斷上升，絕大多數都是因為這些原因。如果這些人對《心經》的內容稍稍有點感悟：《心經》裏面講得多麼妙啊！這些東西都是一種幻覺，是不值得為其傷神，更不必為其付出寶貴生命的。所有的痛苦，都源於我的實有執著，這都是我作繭自縛、自作自受的結果。如果能有這樣的覺悟，他們就不會有那麼多的痛苦，也就不會選擇自殺了。換言之，如果能認真地聽聞、思維《心經》內容，對調伏自己的煩惱，增長自己的智慧，鏟除自己的痛苦是會有很大幫助的。

心經講記與實修法　附　心經要義辨析

今天很榮幸，能把這個代表整個空性精華的經典介紹、傳授給你們，不管是在如今的印度還是漢地，這都是很稀有、很難得的。真正的佛法，需要有人去傳播，如果沒有人傳播佛法，佛法也不可能延續兩千多年。

比如，《心經》究竟講了些什麼？是佛陀親口講的，還是觀世音菩薩講的？舍利子又是什麼人物？在我講完之後，如果你們有什麼不同的看法，我們可以坐下來互相交換意見；如果有什麼問題，也可以提出來，我能回答的就當場回答，不能回答的就一起研討，以便找到一個正確的答案。當然，我也會向你們提出一些問題，看你們是不是專心聽了，對我所講的內容是不是聽懂了，以期收到應有的效果。下面言歸正傳，開始講解《般若心經》。

二、《心經》版本及題義

一、關於《心經》版本的爭論

《心經》是非常完整的一部經典。可能有人會有疑問：如果是一部完整的經典，那為什麼在唐玄奘譯本的《心經》前面沒有「如是我聞」，後面結尾沒有「天人、羅剎等皆大歡喜，信受奉行」等內容呢？依此，這些人認為，《心經》不是一部完整的經典。

這種說法是完全不對的。據史料記載，《心經》前後共有十多種譯本，但現在收藏於《大藏經》中的，卻只有七種，分別是：

1、《摩訶般若波羅蜜大明咒經》，姚秦天竺三藏鳩摩羅什譯；

2、《般若波羅蜜多心經》，唐三藏玄奘譯；

3、《普遍智藏般若波羅蜜多心經》，唐摩竭陀國三藏法月譯；

4、《般若波羅蜜多心經》唐罽賓國三藏般若共利言譯；

5、《般若波羅蜜多心經》，唐三藏智慧輪譯；

6、《般若波羅蜜多心經》，唐三藏法成譯；

7、《佛說佛母般若波羅蜜多心經》，宋西天三藏施護譯。

其中最早的漢譯本，為鳩摩羅什所譯；第二個版

心經講記與實修法　附　心經要義辨析

本，則是玄奘大師所譯的《般若波羅蜜多心經》；唐代時，還有一位菩提流誌所翻譯的譯本，但這個版本現在好像已經流失了，《大藏經》中並沒有這個版本的譯文。

在上述有些版本中，就包含了前面所說的內容。大概1994年我們去漢地時，在乾隆《大藏經》中就找到了與藏文版本一模一樣的《心經》。

另外，還有任傑老師（曾將藏文的《中觀寶鬘論》譯成中文）從藏文譯成漢文的《心經》，中央民院的王教老師、孫惠芬老師等翻譯的《心經》。不過我認為，現代的有些譯本內容並不是從佛法的角度，而完全是從學術的角度來進行翻譯的。

雖然各種譯本的名稱不完全相同，內文也略有差異，但其基本要旨卻是一致的。存在爭論的，只是譯文的開頭序言和結尾部分，因為其他的譯本中都有這兩部分內容，只有唐玄奘和鳩摩羅什的譯本中沒有。對這個問題，世間學術界的很多學者存有較大的爭論：有些人認為唐玄奘和鳩摩羅什的譯本內容不全，並以此對這兩種版本予以遮破，稱此種版本為《心經》略本，認為這種略本版本不是很合理；還有一些人則認為，有前後部分的廣本版本不合理。

韓延傑先生（一位大學教授，好像是濟南人）曾發表看法說，只有玄奘的譯本才合理。原因是，在日本的《大藏

《般若波羅蜜多心經》講記

經》中有這種版本的譯本，而且在敦煌石窟發掘的唐代古書中，也發現了與玄奘譯本一模一樣的略本。據此，他認為其他廣本不合理，並認為其他廣本的前後部分，是譯師自己將廣般若或其他論典的內容加到《心經》裏面的，他曾公開發表文章表示：《心經》廣本是後人偽造或妄加的。可能這位韓先生後來又得到一種前後部分都完整的梵文廣本，故而又說這是印度古代的後人妄加的。

這些推理和說法肯定是不成立的，因為他只知道日本的《大藏經》和敦煌的唐代古書中沒有廣本，但這兩個證據並不能證明廣本就是偽經。因為《心經》在整個《大藏經》中是一部完整的經，它並不是《般若經》中的一品。而且，無論是誰，都不能毫無理由地下結論，認為所有《大藏經》中的《心經》廣本，都是印度後人妄加的。顯而易見，這種理論肯定靠不住。

還有一位呂澂先生又認為，有前後文的《心經》廣本是合理的。好像是在2001年香港一本佛教雜誌上，他發表看法說，玄奘譯本不合理。原因是藏文版也有前後部分，按照梵文版本的名稱，應譯為「聖般若波羅蜜多心經」，而玄奘譯本中沒有「聖」這個字，而且玄奘譯本中「除一切苦厄」一句，在梵文和藏譯本中都找不到等等，也列舉了很多理由來駁斥玄奘的略譯本。

但我個人認為，在一個版本上不存在的內容，不一

定在所有的版本上都必須不存在，我們無權以一個版本為根據，來對照其他版本，然後得出某種結論。因為印度的佛教也經歷了三次毀滅，梵文版本也有可能互不相同，而且，佛陀在不同眾生面前，也會有各式各樣的顯現和說法。

比如，現在的南傳《大藏經》和北傳《大藏經》，就有很多部分是不同的；又比如，藏傳佛教關於小乘十八部戒律的內容，和南傳佛教裏面的戒律也有很多不同，但如果因為不同，就說某個版本是偽經，是沒有任何理由和依據的，就是武斷自負的說法。

作為專門修持佛法的人，對不同的說法抱持什麼樣的觀點很重要。如果不知道取捨，就很有可能會在接觸到倡導《心經》廣本這一派的理論以後，馬上認為廣本非常合理，以後不能念誦修持玄奘的譯本；在遇到倡導略本的這一派的觀點時，又認為只有《心經》略本合理，而所有廣本又不合理，這就會造下謗法的惡行。我們務必了知，佛陀的語言可以有各種各樣的示現，而且還要了知，很多大譯師們所取用的梵文藍本不一定是相同的，如果只是因為所取版本不同就隨意捨棄的話，其後果也是很嚴重的。

我們以後應當堅持這種觀點：既讚歎《心經》略本，也讚歎《心經》廣本，因為這兩種版本沒有任何矛盾，沒有必要一取一捨。

《般若波羅蜜多心經》講記

在佛教界，這種類似的爭論還有很多，比如關於《大乘無量壽經》的爭論。

由於從唐代至今，漢文的《大乘無量壽經》始終沒有一個完整的版本，因此很多人都對此作過匯集。

夏蓮居居士也曾將《大乘無量壽經》的九個不同版本匯集一起。雖然淨土宗基本上支持夏蓮居居士這種做法，但到目前為止，這個匯集本仍然是淨土宗內部爭論最大的一個焦點問題：有人認為，夏蓮居居士不應該將不同版本的經典內容全部匯集於一處，因為夏居士畢竟是一個在家人，在家人沒有資格匯集經書；而以黃念祖老居士（除了修持禪宗，他也修持密宗和淨土宗）為代表的很多人又大力弘揚這個匯集本，而且在很多論典中也讚嘆《大乘無量壽經》是前所未有的善說。黃念祖老居士認為：雖然夏居士是在家人，但共同參與這件事的還有一位公認的高僧大德（好像是明惠法師），他應該有匯集經書的資格。大家也是各執一詞、莫衷一是。

（以前還有一位王居士也作了一個匯集本，但遭到了印光大師的駁斥，說你們這些人沒有理由將佛經斷章取義地匯集在一起。）

後來，淨空法師在國外大量印製了夏老的這個匯集本，也繼續遭到很多人的駁斥。淨空法師說：以前三國時期神開的那個版本比較古老，現在夏老的這個版本比較易懂，所以兩個版本我都不排斥。雖然這樣說，但實際上他也是大力弘揚支持匯集本的。

心經講記與實修法　附　心經要義辨析

這個匯集本我以前也看過，名稱是《大乘無量壽經平等清淨莊嚴經》，題目上並沒有說明是匯集本，而直接說是《大乘無量壽經》。

我個人認為：雖然很多大居士對佛教作過一定貢獻，但如果真正要匯集經書的話，還是應該對不同時期的版本予以詳細說明，將每個不同版本原原本本地保留，然後匯集一處。如果只是將這個版本的內容加在那個版本上，再將那個版本的內容加在這個版本上，這樣東拼西湊以後，雖然讀起來很完整，但可能不大合適。

不過，諸佛菩薩和高僧大德的示現也是不可思議的，因此也不好說什麼是合適不合適，我這樣的人可能沒有資格去作評價，在相信自己分別念的過程中，也有可能會造下很嚴重的罪業，所以，在這個問題上需要慎重，最好三緘其口為妙。

藏文中也有《大乘無量壽經》，93年上師如意寶也給我們念過《大乘無量壽經》的傳承。我曾想：如果將這部經翻譯出來，可能很多人的爭論會自然消失，但也許他們不一定承認，而認為藏文的這個經典也是偽造的，因為這個經典與現在的經典內容也有一些出入。如果這樣，也許我的譯本就成了有些人造作捨法罪的因，那就更麻煩了！

神開法師在三國時期也是非常有名的，雖然他的譯本比較古澀，但也不可輕易否定。

《般若波羅蜜多心經》講記

佛教當中還有一個問題也曾爭論得十分激烈，就是出家人和在家人究竟誰應護持佛法。

這個問題現在好像沒有太多爭議，但在太虛大師和歐陽竟無時代，這個問題也引起了極大的反響。歐陽居士的觀點是依法不依人，不管在家人還是出家人，只要有智慧、有修證，就可以護持道場，也有權利給別人講經說法。

而太虛大師就特別反對這種觀點，他認為：在釋迦牟尼佛的別解脫戒中，他的眷屬層次是從比丘、比丘尼、沙彌、沙彌尼……這樣一直排下來，最後才是居士，居士是沒有資格主持出家人的道場的。這個爭論持續了很長一段時間。迄今為止，仍然有一些出家人道場是由居士來主持的。

不過我認為，如果出家人有能力，還是應該由出家人來主持道場，否則會有很多與戒律相違的地方。如果居士有能力，可以自己建立一些居士道場，如居士林等等，在這種場合，居士就可以擔任主持，有必要時也可以講經說法。佛陀在世時，也有這種情況。

對佛教各宗派之間的一些敏感問題，或是一些有爭議的問題，我們應該大膽提出自己的觀點，並根據佛經和論典的內容進行剖析。我認為，像歐陽居士以「依法不依人」來斷定的結論，其推理並不一定成立，斷章取義地以佛經中的一句話來推斷所有的事是不合理的。

心經講記與實修法　附　心經要義辨析

所以，在類似問題上，大家應該有自己的主見，否則，如果別人問你或是學院對匯集本的看法，你卻環顧左右而言他：我們學院對這個匯集本的看法是很好的，嗯，今天會不會下雨呢，我看這幾天我們生活過得很好，各方面地利益眾生、發菩提心啊……這樣的回答恐怕就不太適合。

首先，我們應該知道現在佛教界有哪些焦點問題，然後對這些問題詳加思維，不能以自己所貪著的宗派觀點為依據，而應該以諸佛菩薩的教證、理證，和傳承上師的教言、理論為依據，再加上以自己的智慧分析的結果，然後建立自己的觀點，再給別人提出建議。

如果沒有非常可靠的論據，就不要輕易斷定一個問題。如果今天認為這個問題肯定是對的，但明天也可能覺得自己的分別念也不可信。以前上師如意寶也講過，在沒有得地之前，凡夫人的分別念是不可靠的，會經常發生改變，我們不能人云亦云、隨波逐流，被這些分別念所欺騙。

比如，我小時候有一段時間曾經認為，自己的玩具是世界上最好的，但後來看見一些小朋友的遙控汽車等玩具時，又認為，世界上再沒有比這更好的玩具了，但年紀大了以後，無論看見多麼高級的遙控汽車，也覺得沒什麼好玩的。

同樣的道理，我們現在覺得這個答案非常可靠，任

《般若波羅蜜多心經》講記

何教證理證都不可能破斥，但到了一定的時候，也不一定會這樣認為。法王如意寶也一再強調，除了聖者菩薩外，凡夫人是很難建立一種觀點的。大家一定要注意這一點，尤其是在說話時，盡量不要毀謗他人，如果自己沒有可靠的依據，就不要隨意駁斥他宗。

一方面，實修很重要；另一方面，在理論上，我們也要加以重視。要了知該如何區分鑒別不同的觀點，否則，不要說弘法利生，可能在自己的修行中，也會有很多疑惑，比如，為什麼《心經》版本那麼多？到底哪個版本是合理的？……所以，佛法需要長期聞思。

有個法師曾經告訴我說，在他出家五、六年的時間裏，基本上對佛經是半信半疑的，有些經典他看，而有些卻不看，有些高僧大德的論典他接受，而有些他又不接受，心裏始終對佛法有一些懷疑。然而，過了十幾年以後，他開始接受所有的佛法和經典，認為佛經所說都是對的。在座的道友當中，可能也有這種情況吧！

據可靠史料得知，流傳最廣、最具權威的藏文《心經》，是從印度的梵文直接譯成藏文的，譯者是無垢友尊者，也就是密宗大圓滿傳承祖師中的布瑪莫札，他是非常了不起的一位譯師。

《心經》的講義在藏地也比較多，藏文《大藏經》的論著（也叫《丹珠爾》，是高僧大德解釋經典的論典）裏面，大概有八個講義，還有覺囊派的達那塔、榮頓班智達等

很多論師的解釋。

　　尤其值得一提的是，當年國王赤松德贊因在修行等各方面進步神速而生起一些傲慢之想時，當時藏地非常有名的譯師貝若扎那為了消除他的傲慢，就以密宗的方式解釋了《心經》，並將講義交給國王，結果收到了預期的功效。由此可知，在藏文的《心經》註解中，還有以密宗方式解釋《心經》的論典。

　　古印度的班智達們對《心經》也非常重視，曾寫下大量的《心經》釋文。在所有論師的講義中，布瑪莫扎所解釋的《心經》講義流傳最廣。

　　當然，漢傳佛教關於《心經》的講義，也是相當多的，比如憨山大師的《心經直說》、藕益大師的《心經釋要》、黃念祖老居士的《心經略說》等等。

　　據一些《心經》研究者的調查結果得知，漢傳佛教中研究、解釋《心經》的高僧大德或其他智者大概有一百多位。在整個佛教界，《心經》都是流傳很廣的一部經典。

　　玄奘大師所譯版本為什麼與眾多版本不同呢？對此也是眾說紛紜。

　　很多人認為：這是由於翻譯所用的梵文藍本不同所致。

　　黃念祖老居士則認為：玄奘大師是為了突出《心經》的重點內容——空性的見解，而故意沒有譯開頭和

結尾的部分。

　　有些學者認為：玄奘譯本的整段文字，是從六百卷《大般若經》中摘錄下來的；有些論師又認為：玄奘譯本是眾般若經中的一部完整經典。我記得在元音老人的《心經》講義中，也認為《心經》僅是《大般若經》中的一段，但我認為這種說法可能有些牽強，大家可以翻閱一下《大般若經》，看看其中有沒有玄奘譯本的一段完整經文。我個人認為，《心經》應該是一部完整的經典，不論按照藏傳的《心經》還是漢傳的《心經》廣本來看，確實都有前面的緣起和後面的結尾部分。

　　還有一種說法認為：當年玄奘大師回國後，本來特別想重返印度，將他的譯本與梵文原版再作校對，但唐皇李世民已待之如國寶，捨不得放他出去。大家也清楚，當時出入邊境不像現在這樣開放，若沒有國君的允許，都屬於私自出國，而且當時的交通也不像現在這樣發達，路上有各種各樣的危險，唐皇擔心玄奘大師一去不復返，所以一直沒有放行。玄奘大師因此而沒能再去印度，但他所譯的《心經》，卻廣為流傳了。

　　僅由此事，也可見當時政府與國王對出家人的尊敬與重視，不僅如此，而且，在唐玄奘圓寂時，唐皇曾舉辦了空前盛大的法會，可以說在整個中國歷史上，都沒有再出現過那樣隆重的法會（我在《佛教科學論》後面「出家人對社會的貢獻」中也稍微提到過此事），所以不僅《心

心經講記與實修法　附　心經要義辨析

經》，唐玄奘翻譯的很多譯本上寫的都是「奉詔譯」，意思是說這些經典都是奉皇命而譯的。

我個人認為，玄奘譯本與其他譯本不同，可能有三個原因：第一，可能是梵文藍本的不同所導致的；還有一個原因是，佛所說的法，在每一個眾生聽來，可能都有所不同。比如，佛當時在靈鷲山轉法輪時，有十萬佛子在場，而且每個佛子都有不忘陀羅尼，但即便如此，每一個佛子所得到的法門都不盡相同。這並不是像我們現在記錄時因為錄音機壞了，或筆壞了等等而導致的記錄內容不同，而是因為佛會針對不同意樂根基的眾生，而宣說不同的法。喜歡簡略法門的眾生，受持了簡略法門；而喜歡廣大法門的眾生，又受持了廣的法門，這就是佛說法的特點。

第三個原因，唐玄奘所用的這個梵文藍本，應該是觀世音菩薩親自交給他的。為什麼這樣講呢？這要從玄奘大師西天取經的故事說起：

大家都知道，玄奘法師西天取經的故事，經過添油加醋、隨心所欲的改編，早已變成了家喻戶曉的神話故事——《西遊記》。作為中國古典四大名著之一，《西遊記》的影響力是很大的，很多對佛教一竅不通的人，都知道鼎鼎有名的唐玄奘。

當然，因為作者的原因，其中的故事，已經被篡改得面目全非，根本不符合玄奘法師到印度取經的真正歷

《般若波羅蜜多心經》講記

史。從小說看來，似乎他之所以能夠西天取經，全都歸功於他的幾個徒兒了，其實，唐玄奘的取經經歷，並不是像書上所說的那麼神乎其神。

據說，雖然唐玄奘前往印度取經時，剛開始有很多人隨行，但後來就只剩下他孤身一人了。走到大戈壁沙漠時，因為打翻水袋，迷失方向，以致人與馬均渴倒而不能前行，玄奘連續四夜五天滴水未進，只能倒臥在沙漠裏，口念觀音名號，直到第五夜，老馬從陣陣涼風中嗅到了水草的氣味，玄奘大師才算逃得一條生路。且不必說這些九死一生的經歷，僅僅從大戈壁到達犍陀羅，其間至少還要徒步翻越天山山脈的騰格里山，再翻越帕米爾高原，個中艱辛，恐怕是鮮為人知的。

在他西天取經的經歷中，最讓我感興趣的，是下面這段情節：有一次，他路經一個寺院時，聽到裏面有人在大聲哭泣。他走近一看，發現是一個全身糜爛（就像現在的痲瘋病）的和尚在哭。雖然玄奘深知路途遙遠、兇吉未卜，但看到這個和尚很可憐，他就沒有繼續趕路，而一直呆在寺院裏為他治病。後來，那個和尚的病基本上好了，玄奘才辭別前行。臨行前，和尚送給玄奘一本梵文經典以示感謝，那部梵文經典，就是著名的《心經》。

玄奘一路上隨時都在閱讀這部經，尤其是在遇到一些違緣、障礙時，只要他一念這部經，違緣、障礙等等

心經講記與實修法　附　心經要義辨析

就馬上消失無餘。

尤其值得一提的是，一次，他來到恒河岸邊，看見前面有好幾千人聚集在一起，出於好奇心的驅使，他上前一看，發現是婆羅門外道在祭拜河神（當時印度有九十五種婆羅門，在這些婆羅門中，有些境界很高，也有些境界很低，保留著很野蠻的風俗，當時，這些婆羅門教在印度比較興盛）。

這些婆羅門為了供奉恒河河神，每年都要選一個年輕男子扔進河裏。當天正好選中了一個年輕男子，準備將他扔進河裏。他的家人都非常悲痛，與男子抱作一團、淚流滿面。

正在依依不舍之際，他們忽然看見來了一個外國人（玄奘大師），當即喜笑顏開，準備讓唐玄奘代替那個年輕男子，隨後，便立即將唐玄奘捆了起來。

唐玄奘告訴他們說：如果你們今天非要把我扔進河裏供奉你們的河神，我也沒辦法，但我有一個要求你們必須同意！

婆羅門連忙問他是什麼要求。

唐玄奘回答說：作為一個出家人，我每天的經是必須要念完的，等我念完了經，你們怎樣處置我都可以。

這群人覺得玄奘的要求並不過分，就同意了。玄奘隨即開始念《心經》，三遍之後，天空馬上變得烏雲密布、電閃雷鳴。所有人都非常害怕，覺得這個人可能是不能得罪的，便將唐玄奘放了。

《般若波羅蜜多心經》講記

在唐玄奘取經的途中，這種類似的危難和違緣非常多，每次他都靠《心經》度過了這些難關。

令人驚奇的是，當唐玄奘從印度返回時，念及和尚所賜《心經》的恩德，他準備好好報答一番。誰知當他找到當時寺廟所在的地方時，不僅老和尚，連那個寺廟也消失無蹤了。

人們傳說，當時的那個老和尚，就是觀世音菩薩，他化現成老和尚，親自將梵文版的《心經》交給了唐玄奘。我以自己的分別念進行觀察，認為這種說法應該是言之有理的，因為觀世音菩薩的加持力不可思議，再加上《心經》是釋迦牟尼加持舍利子與觀世音菩薩對話而形成的一部經典，經中所有的內容全部是經由觀世音菩薩宣說的。如果觀世音菩薩化現為和尚，將梵文版《心經》交給唐玄奘，也是有可能的。

所以我認為，玄奘大師所翻譯的《心經》，是最有加持力的，如果要持誦，完全可以依照玄奘大師的譯本。只不過在給別人講解、或自己要完整通達理解整個《心經》的意思時，將開頭和結尾的部分加上也可以。

有一次印《心經》時，一位大學老師問我：這裏面有兩個「是」，要不要我改一下，讓它通順一些？我當下就說：你的智慧不可能超過玄奘大師吧！還是不要改吧！所以，如果我們沒有受到系統的佛學教育，當看見不同版本的佛經內容有所不同時，就隨隨便便想這裏改

心經講記與實修法 附 心經要義辨析

一下，那裏改一下，這肯定是不對的。佛的經典都含有甚深的密意，即便有些經典的內容有些缺漏，但佛的加持力也是不可思議的。

曾經有個公案也說明了這個問題，有一個瑜伽師將咒語「嗡班匝日格裏格熱呀吽啪的」念成了「嗡班匝日及裏及熱呀吽啪的」，當他念「嗡班匝日及裏及熱呀吽啪的」時，整個山河大地都隨著他的念誦而念誦，另外一個人覺得他念得不對，就糾正他，但當瑜伽師改念後，整個山河大地的念誦都停了下來。由此可知，雖然梵文的咒語中並沒有瑜伽師所念的「嗡班匝日及裏及熱呀吽啪的」，但以瑜伽師心的清淨力，以及某些不可思議之力的加持，他所念的錯誤咒語都變成了真正有加持力的咒語。

同樣，玄奘譯本中「度一切苦厄」這句話，也許在梵文本中真的不存在，但玄奘的譯本已受到了加持，如果我們以自己的分別念對經文進行修改，則將會使整個經文都失去加持力。我們以後在弘法利生的過程中，可能會遇到各種不同的情況，但一定要有自己的正見，不能隨隨便便隨順世間人的見解，或是以自己的分別念隨隨便便修改佛經，改動佛的金剛語，這是非常不合理的。

我們這次傳法所選用的，仍然是以玄奘大師的譯本為主，再加上其他版本的開頭序言和後面結尾部分（這一

《般若波羅蜜多心經》講記

部分內容，參照了法成論師譯藏並由任傑老師譯漢的譯本）。其原因主要有以下幾個：

一方面，因為上述傳說，而使我對玄奘譯本很有信心；

另一方面，我個人對玄奘大師也是很有信心的。玄奘法師在一生中，翻譯了大量具有珍貴價值的經論。以我多年翻譯的經驗來看，他所翻譯的典籍，是非常精確可靠的。在很多不同的版本中，他的譯本總是以準確精練而獨佔鰲頭。

另一個原因眾所周知，不管在中國還是國外，凡是念誦漢語《心經》的人，全部都是依照玄奘大師的《心經》譯本來念誦的。法王如意寶當年去美國時，美國信眾念誦的就是這個版本；後來去新加坡時，在新加坡一個大型國家級晚會上，大型顯示屏上也映出了《心經》，其版本也是玄奘大師的譯本；這個譯本不僅在佛教界流傳甚廣，在世間的學術、文化界，以及普通老百姓心中，也受到了廣泛的認可，甚至很多商人在做一些產品時，比如，有些人將《心經》印在茶杯或哈達上等等時，都用的是這個版本的《心經》。

基於以上幾方面的考慮，我還是主要采用了玄奘版的《心經》。

我有時候想，玄奘的發心力真是不可思議，無論國內外，大家都是按玄奘的譯本來念誦的；有時候又想，

心經講記與實修法　附　心經要義辨析

是不是因為當時國王很恭敬玄奘，而漢人又很重視地位，所以很多人覺得玄奘是國師很了不起，也就認可玄奘，認為應該讀玄奘所譯的《心經》，而不讀其他譯師的譯本？但不管怎樣，玄奘對佛教界的貢獻確實是相當大的，以前的很多高僧大德都經常講：玄奘是觀世音菩薩的化身，孫悟空是文殊菩薩的化身，豬八戒是金剛手菩薩的化身，所以，《心經》應該是很有加持力的。

以後我們念誦修持時，應盡量以玄奘譯本為準，而不能隨意改動，同時也不要認為《心經》很簡單。

有些相續中有顛倒邪見，分別念又很重的人可能會不以為然：我也能寫出這些文字來，我的文筆比《心經》更好，我現在寫的博士論文有好幾萬字，《心經》有什麼了不起的，只有二百多個字！

世間人一旦生起傲慢心，真是非常可怕！要知道，假寶和真寶之間，是有著價值上的天淵之別的。雖然表面看來，《心經》只有小小的一頁，但它的功德、加持和威力是誰也無法比擬的。黃金雖小，但無論到哪裏，都自有它的價值和力量，同樣，佛經縱短，卻也有不可言說的威力和加持。

二、《心經》的殊勝加持

一些老修行、老出家人都知道，在遇到一些大的違緣，如地震、海嘯等等時，大家都要念《心經》。藏傳

《般若波羅蜜多心經》講記

佛教中也有這樣的傳統，在出現一些違緣，特別是在每年藏曆的12月29日，大家通常都要念《心經回遮儀軌》（在《心經》的基礎上，加上一些咒語和儀軌，其中《心經》佔了主要的成分），以祈願來年不要有任何邪魔外道的危害，所有的危害都依靠《心經》的空性威力而摧毀。

佛經中也有記載：以前帝釋天受到魔王波旬的侵害時，就觀想空性，念誦《心經》以度過危難。我們平時隨身攜帶《心經》，或是將其供奉於佛堂，或睡覺時放在枕頭上方，依靠般若空性的力量與加持，所有的惡夢、惡緣等全部可以遣除。

可能有人會問：到底什麼是加持呢？所謂加持，就是一種肉眼看不見的，無形的力量。

肉眼看不見的東西非常多，比如藥有藥的加持，電有電的加持，任何東西都有一種力量和加持。同樣的道理，《心經》的加持有空性力量的加持，也有佛威德力的加持，還有真實諦的加持，再加上我們自己對《心經》信心力的加持等等。當自己具有信心，並聚合其他幾方面的因緣時，一定會遣除邪魔外道的損害。

諸位如果在以後的修行中遇到違緣、困難或痛苦時，應該心觀空性，專註於空性境界，然後念誦《心經》，因為觀世音菩薩的加持的確是不可思議的。以前學院或上師如意寶自己的事業顯現一些違緣時，上師老人家也經常念誦觀世音菩薩的名號或觀音心咒「嗡嘛呢

心經講記與實修法 附 心經要義辨析

唄美吽」來遣除違緣。不僅法王如意寶如此，藏傳佛教歷來的很多高僧大德也都這樣。

在漢地，也有很多觀世音菩薩救苦救難的事跡或感應篇，尤其是在古代，高僧大德們在遇到違緣時，祈禱觀世音菩薩而獲得救度的故事是屢見不鮮的，相信很多道友都看過不少這方面的書。甚至有些不信佛教的人念誦觀世音菩薩的名號，功德也是相當大的。

黃念祖老居士在美國蓮花精舍時，曾講過一個不信佛教的人念誦觀音名號而得以活命的真實故事：

一次，蓮花精舍的一個不信佛的在家人乘飛機回美國。在即將到達目的地，飛機準備開始下降時，駕駛員忽然從駕駛艙出來，緊張地告訴大家：飛機出現機械故障，目前無法解決，請大家準備好降落傘或其他應急措施。

話音剛落，機艙內的乘客一下子都楞住了，空氣仿佛凝固成了一般。蓮花精舍的這個人也因為過於害怕，而當下失去了感覺。

隨後，他的第一念就是：自己剛結婚生孩子，要是自己死了，孩子和老婆該怎麼辦啊？（當時他並沒有想到他自己。）

這個時候，機艙內的其他乘客也都反應過來，開始大聲哭叫，驚慌失措的人們頓時亂成一團。

這個人轉念又想到：我以前聽說觀世音菩薩是救苦

救難的，雖然我不是佛教徒，但不管怎樣，我還是好好地祈禱吧！然後，他就開始虔誠地念誦觀音菩薩的名號，這時，在他的感應中，確實現前了觀音菩薩的真顏。

他馬上激動地告訴周圍人說：哭也沒有用，請大家跟著我一起祈禱觀音菩薩，這樣我們可能有被救護的機會。

隨後，他就開始率領大家齊聲念誦。不知不覺間，飛機已開始慢慢降落，最後順利落地。所有人都感覺非常稀奇，因為當時駕駛員已嚇得昏迷過去，飛機究竟是怎麼下降的，就成了一個不解之謎。後來，這個人將這次親身經歷寫了下來，並廣為傳播，很多人都因此而對觀音菩薩生起了信心。

大家也知道，黃念祖老居士不僅在佛教方面造詣很深，他對唯物主義也有一定的研究，甚至對物理學也作出了一定的貢獻。像這樣的智者所說的事，一般不會有什麼誇張的成分，而且這些故事也不是什麼傳說或神話。1987年法王如意寶去五臺山時，我們也聽過類似因念觀音菩薩名號而使飛機裏面的人得救的事情。

在宣說空性功德的佛經裏面經常講，如果將《大悲咒》或宣說空性的經典帶在身上，凡接觸或經由風的傳遞而接觸到這些法本的眾生，都不會墮入三惡趣；將這些法本帶在身上，則包括自己沐浴的水，如果被其他眾

生接觸享用到的話，這些眾生也不會墮入三惡趣；念
《心經》或《大悲咒》等空性法門的人甚至在罵人時，
如果有眾生聽到他的聲音，這些眾生也不會墮入三惡趣
（當然並不是說這些眾生可以馬上獲得解脫）。

　　由此可見，空性法門的功德是相當大的，大家應該
有這個信心。如果遇到違緣或痛苦，應該一心一意地念
《心經》。現在漢地有些地方也將《心經》或《楞嚴
咒》做成很小的一本，既可以掛在胸前，還可以隨時念
誦，非常方便。

　　這次我到雲南時，見到一個兩只手都沒有的殘疾青
年，好像他的手是在火車軌道上軋壞的。這個人非常能
幹，是2005年中國十大傑出青年之一，他有很多特長，
其中之一就是將毛筆含在嘴裏寫字，寫出的字非常漂
亮。他經常給別人寫《心經》，很多來自不同地方的人
都前去求取。普通人用手寫毛筆字都寫不好，而他用嘴
卻能寫得那麼好，我想，這是不是因他繕寫《心經》而
得到的加持呢？

　　去年我在上海仁濟醫院治病時，醫院的一位領導除
了醫術精湛外，也有一個特殊的技能，就是能在很小的
一方印章上刻出完整的《心經》，要用放大鏡才能看清
楚，他也是中國很有名的一位畫家。

　　有時我想，觀世音菩薩的加持或《心經》的加持真
是不可思議，不僅在佛教界，而且在文化界、學術界，

《般若波羅蜜多心經》講記

甚至包括民間，觀世音菩薩都在以各種各樣的顯現來度化眾生。

前年（2004年）春節時，中央電視臺播放了由一群聾啞人表演的「千手觀音」的舞蹈，這個節目不僅在國內，而且在國際上也得了獎，使無數觀眾對觀世音菩薩油然而起信心，連不信佛教的人看了都非常感動。作為佛教徒，我們應該對觀世音菩薩的功德或《心經》的加持生起很大的信心。

儘管《心經》的功德如此之大，但真正解釋《心經》時，卻沒有幾個人能夠說得很清楚，有些人一輩子念《心經》，但其中的道理卻講不出來。在座的很多人都學習了《中論》、《入中論》、《中觀四百論》等空性論著，但如果對二百多字的《心經》般若空性法門的精髓都解釋不了，也太說不過去了。

另外，現代人的生活狀態都很忙碌，以後大家在弘法利生時，如果想給別人宣講《中觀四百論》或《中觀根本慧論》等大部頭論典，別人有沒有時間聽你講也很難說，但如果講解《心經》，相信無論從時間還是興趣上，很多人也都能接受。這就是我這次講解《心經》的初衷。

三、《心經》題義

《心經》的全稱，為《般若波羅蜜多心經》。「般

若波羅蜜多」，為梵文音譯，翻譯成中文，就是「智慧到彼岸」的意思。其中的「般若（Prajna）」，勉強可以翻譯為「智慧」。之所以沒有在經文中直譯為智慧，而仍保留梵音「般若」，是因為「智慧」二字只能詮釋出般若的一部分意義，卻不能代表「般若」的全部深遠妙義。

很多人都知道，般若波羅蜜多可分為四種：第一種，是經典般若，也稱文字般若，包括大、中、小三種般若經；第二種，是基般若，也稱本性般若，即一切萬法的基礎——空性；第三種，是道般若，也即見道、修道等五道；第四種，為果般若，也即證悟空性的智慧。

這四種般若也可以分為能詮般若和所詮般若。所詮般若包括三種，即自性般若、道般若和果般若。萬法離一切戲論的本體，就是自性般若；佛陀以其智慧而圓滿通達的萬法離一切戲論的真相，就叫果般若；依靠什麼途徑而通達的呢？是依靠諸佛菩薩的智慧，諸佛菩薩的智慧就是道般若。這是所詮的三個般若，也可以說是所詮三種智度。（就像我們學《中觀》時，也分義中觀和文字中觀一樣。）

那麼，能詮般若是什麼呢？是圓滿宣說般若之義的文字般若。文字般若又可分經典文字般若和論典文字般若。經典文字般若就是一系列的《般若經》；論典文字般若則是《中觀四百論》、《中論》等論著。從顯現而

《般若波羅蜜多心經》講記

言，《心經》屬於文字般若的範疇。

其實，僅僅「智慧」二字，也有幾種不同的意思：包括世間智慧、出世間智慧，以及無上的智慧。

世間智慧：精通世間某個技術、工程、學科等等的能力，就是所謂的世間智慧。以世間人的說法，即是聰明伶俐，學識淵博等等。世間智慧並不究竟，因為世間人始終離不開四種顛倒：「空」的東西認為是「不空」；「我」不存在卻又認為有「我」；不清淨認為是清淨；不快樂的卻認為是快樂。以世間標準衡量，世間所謂的智者，比如文字家、科學家、物理學家等，可以說有一定的智慧；但從出世間的角度，也即從最究竟的智慧角度而言，他們不能算是智者，而只能稱作愚者。由此可以斷定，世間智慧是不究竟的。

出世間智慧：指聲緣阿羅漢的智慧，也即通達諸行無常、諸法無我、輪迴是苦、涅槃寂靜四法印的功德。

無上的智慧：也即佛陀的智慧。因為佛陀圓滿證悟了人無我和法無我，圓滿通達了一切萬法的真相。《心經》中所說的般若，應該是指無上智慧。

「波羅蜜多」，則是指「度」或者「到彼岸」。如何到彼岸呢？從世間的角度來說，一個人完成了自己的事業目標，也算是到彼岸。此處所說的彼岸，是指涅槃；而此岸，則是指輪迴。眾生沈溺在三界輪迴的大海中，一直未能渡過，故而是在苦海的此岸。而解脫涅

心經講記與實修法 附 心經要義辨析

槃，則位於輪迴大海的那邊，故而稱為彼岸。只有佛陀，才圓滿到達了彼岸，除了佛陀以外，世上任何人都沒有到彼岸。所有的三界眾生，都還在輪迴的苦海中掙紮，離彼岸還有相當遙遠的距離。

無論是名揚全球的科學家，還是所謂「學識淵博」的哲學家、思想家，都只能精通世間某些領域的知識，與全知佛陀的智慧還有著雲泥之別，即使是阿羅漢的智慧，也沒有到達彼岸，他們只通達了人無我的境界，還有部分的煩惱障和所知障沒有斷除。

綜上所述，「般若波羅蜜多」，可以理解為「智慧到彼岸」。我們在講《現觀莊嚴論》時，稱其為「智度」，這是比較圓滿的解釋。有些講義將「般若波羅蜜多」縮寫為「般若」，但般若只是「智慧」的意思，還沒有「度」的意思。只有「智度」，才是對「般若波羅蜜多」比較準確完整的解釋。

《心經》的「心」字，是心要、核心的意思，因為《心經》中濃縮了整個佛法的精華。據眾多歷史記載，在釋迦牟尼佛轉法輪的四十多年中，有二十二年都在宣說般若空性，這二十二年所宣說的所有法之精粹，全部都包含在《心經》當中，因而稱之為「核心」，這是一種解釋；

漢地有些高僧大德對「心」字還有另一種解釋，即是「本心」的意思。還有人說，《金剛經》中所說

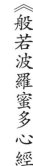

《般若波羅蜜多心經》講記

56

的「應無所住而生其心」中的「心」，與《心經》的「心」是完全相同的意思，但這種解釋是否合理不是特別清楚。一般而言，《心經》中的「心」，應該是指核心、要訣、精髓的意思。

「經」也有很多不同的類別，比如，一種是佛開許的經典，一種是佛加持的經典，一種是佛親口宣說的經典等等。《心經》的主要內容，屬於佛陀加持的經典，因為是佛入於甚深光明定中，加持觀世音菩薩而宣說了此經。

雖然除了佛陀親自所講的教言以外，某些特殊人物所講的教言也稱為「經」。比如禪宗最為推崇的《六祖壇經》，雖然不是佛陀所講的經典，但其中的內容卻與真正的經文沒有什麼區別，所以後人也將其稱為「經」。不過，按照藏傳佛教的規定，只有佛陀親自宣說、加持或開許的內容，才能稱為「經」。

綜上所述，《般若波羅蜜多心經》，也即「智度心經」——以智慧到達彼岸的心經。

以上內容，宣講了《心經》的題目。作為修行人，應該深入學習，並隨時隨地念誦、背誦這部經典。這樣一方面可以遣除即生修行中出現的違緣障礙；從出世間的功德來講，念誦集空性精華於一體的《心經》的意義和功德也是相當大的。

當然，我們不能妄想通過一、兩天的聞思，就一下

心經講記與實修法 附 心經要義辨析

子突然開悟，什麼都懂了，但隨著持續的聞思修，自己心相續中的無明煩惱就會逐漸減弱，智慧也會逐漸增長。雖然暫時還不能在法界的虛空中自由翱翔，但從知見上已消除了各種懷疑和邪見，樹立起新的正知正見。由此可見，佛教的教育完全是一種智慧的教育，而不是一種教條，有些道理可能剛開始不一定能接受，只有通過系統的聞思，面對面的辯論，才能徹底斷除疑惑，並最終圓滿智慧。

《般若波羅蜜多心經》講記

三、解釋正文

按藏傳佛教以科判解釋佛經的方法，可將《心經》分成三大科判：

全文分三：一、緣起；二、抉擇經義；三、隨喜讚嘆。

甲一（緣起）可分為二：一、宣說六種圓滿；二、此經之因緣。

乙一、（宣說六種圓滿）：

如是我聞

「如是我聞」，所有佛經的開頭，都是這句話。翻譯成白話，即：我是這樣聽到的。這是佛入滅前，在回答阿難的問題時立下的規矩：在將佛的開示結集成文字經典的時候，必須加上這句話。其目的，是為了提醒結集者，必須以客觀的立場來記錄經典，而不能按照自己的意思擅自改動，同時也是為了讓後人生信。

其中的「如是」，表示法圓滿。即釋迦牟尼佛當時在場，加持觀世音菩薩宣說了《般若波羅蜜多心經》的內容，本經所述的從「五蘊皆空」一直到結尾「揭諦揭諦，波羅揭諦……菩提薩婆訶」之間的所有內容，全部是佛的語言，佛陀怎樣宣說，我就如理如實、完整無缺地記錄，既沒有增也沒有減。

心經講記與實修法　附　心經要義辨析

「我」並不是指釋迦牟尼佛，也不是指當時的阿難或目犍連尊者，而是指結集者金剛手菩薩。大家都知道，釋迦牟尼佛在靈鷲山轉了第二次無相法輪，後來由文殊菩薩、彌勒菩薩等十萬菩薩結集成經文。其中的《般若經》，主要是由金剛手菩薩結集的。就像世間人作會議紀要時，會寫明：我參會時聽到的情況是如何如何，然後是與會人員的簽字確認等等一樣，「如是我聞」是結集者金剛手菩薩所說的話。

「聞」有兩種解釋。有些論師認為：「聞」的意思，是只聽到而沒有懂到，因為佛所宣說的空性境界相當深奧，因此金剛手菩薩很謙虛地說：我只不過是原原本本地從詞句上聽到了佛所說的法，但內容我還沒有懂到。但覺囊派的達那塔卻認為這種解釋不合理，因為聽到時，不一定完全沒有懂到內容，也可能懂了一部分，所以不能通過一個字說完全沒有聽懂內容。

有的論師認為，信心圓滿也可包括在「我聞」當中。按大乘論典的解釋方法，只有直接聽聞的內容，才包括在「我聞」中，「我聞」指的就是「原原本本直接聽聞」；但按小乘的說法來講，「我聞」不一定是直接在佛前聽聞，以前阿難也講過，他結集的八萬四千法門中，有六萬四千法門是在佛陀前親自聽聞的，另外的二萬法門是在其他菩薩面前聽聞的，所以，間接聽聞也包括在「我聞」中。

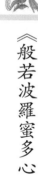

一時薄伽梵住王舍城鷲峰山中

有一次，釋迦牟尼佛在王舍城靈鷲山。「一時」即「在一個時候」。為什麼沒有說一個準確的時間呢？因為佛陀的神變是千變萬化的，在不同的眾生面前，有時顯現為是在夏天說法，有時顯現為是在冬天說法，之所以在不同史書中，關於佛陀涅槃的時間有很多不同的說法，其原因也是這樣。

有些歷史學家認為，在《廣般若》還沒有傳講的時候，佛陀已經轉了《心經》這個法門，所以說「一時」而沒有一個確切時間。

如果是一個凡夫，則可以說我某年某月某日的幾點幾分幾秒在什麼經堂裏開始宣說什麼法，可以確定一個準確的時間，但這裏卻是從廣義的角度而言的，意思是說：在一個因緣成熟之時。

薄伽梵：即梵文中的「班嘎萬納」，有些佛經中稱佛為「世尊」，而有的經中稱為「薄伽梵」，「薄伽梵」用的比較多，其意思也就是「出有壞」。

出：超離了輪迴和涅槃的邊；有：具有六波羅蜜多的功德，壞：毀壞四魔（摧伏蘊魔、煩惱魔、死魔、天子魔）。只有佛陀，才圓滿具足了出有壞的功德。

住王舍城鷲峰山中：佛陀住在王舍城的靈鷲山中。

王舍城是當時摩揭羅國的首都，為印度第一大城。從王舍城到那爛陀寺大概有十八公裏。佛陀在王舍城住

的時間較長，當時阿難、伽葉、目犍連等都是在王舍城
皈依佛陀的。

鷲峰山也就是我們通常所說的靈鷲山。有些學者認
為，這是因靈鷲山上有一個老鷹形狀的大石（從一些照片
上也可看出老鷹形狀的山形），也有人認為是因為山上有很
多鷲鷹，所以此山被叫做靈鷲山。靈鷲山是佛陀二轉法
輪的主要道場之一。

在普通人面前，佛陀在靈鷲山宣講了《妙法蓮花
經》、《涅槃經》等很多經典，但在一些不共的菩薩面
前，佛陀早已在清淨光明境界中講過這些法門，故而認
為，所謂的靈鷲山，是指佛的唯一行境——法界，靈鷲
即法性光明，所以靈鷲山的稱呼，是法界智慧的象徵。

以前有一位非常有名的倉央嘉措到靈鷲山時，看到
滿山都是《般若經》，所以不敢上山。當年（1990年）法
王如意寶到靈鷲山時曾說：當時倉央嘉措不敢上山，但
這次我們還是要上去的。我們一行人跟隨法王如意寶，
在山上朝拜了佛陀當時轉法輪的說法臺、目犍連洞、迦
葉洞，以及山頂上的世界和平塔等等。

與大比丘眾，及諸菩薩摩訶薩俱

當時聽法的眷屬聽眾，有作為小乘僧眾的「大比丘
眾」，與作為大乘僧眾的「菩薩摩訶薩」。

有些論師認為，此處所說的「大比丘」，不是指一
般的比丘，而是指獲得了阿羅漢果位的勝義比丘；「大

《般若波羅蜜多心經》講記

菩薩」是指獲得了真諦的菩薩，其他的凡夫菩薩——僅僅發了世俗菩提心的菩薩，與一些受持一般比丘戒的比丘等，都不是佛真正所化的眷屬。

「俱」，也即一起具足。（漢文有些《心經》版本中說是七萬七千個菩薩具足，但這些在梵文中究竟有沒有，不是很清楚。）這麼多比丘菩薩一起具足的目的，就是為了面見佛陀、獲得佛果、利益眾生等等。

比如，為什麼在座有這麼多的道友聚集在一起呢？目的也是為了斷除煩惱、獲得證悟，而獲得證悟也並不是為了自己快樂，得到人天福報或小乘的涅槃，而是為了利益眾生。無論當時佛陀眷屬的聚集，還是現在不管在什麼地方的佛教團體的聚集，他們講聞修習佛法，都是為了一個共同的目標——利益眾生。

在以上屬於緣起的經文當中，包含了六種圓滿：「如是」為法圓滿；「我聞」為結集者圓滿；「一時」是時間圓滿；「薄伽梵」是本師圓滿；「住王舍城鷲峰山中」，是處所圓滿；「與大比丘眾及菩薩摩訶薩俱」，是眷屬圓滿。

有些論師認為，其中眷屬還可分為兩種：大菩薩是佛陀的直接所化眾生，是特殊眷屬，因為般若是直接講給大菩薩們聽的；而阿羅漢們則是一般的眷屬，所以加起來一共是七種圓滿。還有一種說法認為是五種圓滿：法圓滿、時間圓滿、本師圓滿、處所圓滿、眷屬圓滿。

心經講記與實修法 附 心經要義辨析

一般來講，大多數經典都包含了上述六種圓滿（或五種圓滿），因為在有些經典或論典中，結集者不一定非常明顯，但基本都不離其他的五種圓滿。我們在講密宗的《大幻化網》或一些密宗續部時，也經常不離這五種圓滿。這就像世間開會作會議紀要時，也要標明會議時間、地點、主持人、參會人員、記錄人、會議內容等幾種要素一樣。

譯師貝若札那在他的《心經》講義中，就沒有按顯宗的講法來講，而是像我們平時講《大幻化網續部》時，按內眷屬、外眷屬、密眷屬；外本師、內本師、密本師等來劃分的，五種圓滿都分為內、外、密三個層次。雖然藏傳佛教以前的高僧大德們解釋《心經》時，有的按大圓滿的方式來解釋，有的按大手印的方式來解釋，但這次我們解釋本經，卻最高只能達到大中觀的見解。

乙二、（此經之因緣）：

爾時，世尊等入甚深明了三摩地法之異門。

復於爾時，觀自在菩薩摩訶薩，行深般若波羅蜜多時，觀察照見五蘊體性，悉皆是空。

在時間、本師、眷屬、佛法等所有條件圓滿之時，世尊入於一種甚深禪定，也即趣入甚深明了之等持當中。

為什麼說「甚深」呢？因為一般的阿羅漢、凡夫、外道等根本沒有辦法明了遠離一切戲論、遠離一切勤作

《般若波羅蜜多心經》講記

思維的一切諸法的法性，這種法性是極為深奧的，所以叫甚深。

明了：這樣甚深的境界，在佛陀的各別自證前能明明了了地完全照見，所以這種等持既是甚深的，又是光明的。「三摩地」，也即等持或禪定的意思。

「法之異門」，指各種不同的法；有些講義中認為，「法之異門」指五蘊、十二處、十八界等所有不同的法在勝義中遠離一切戲論，在世俗中如夢如幻地顯現。

佛陀當時就在這樣的等持中入了定。

從字面上解釋，就是當所有的眷屬都在當場時，佛陀入於甚深光明禪定當中。

我們應該了解，本來，在佛陀的境界中，入定和出定是沒有什麼差別的，這裏之所以說佛陀入定，主要是為了在具有分別念的所化凡夫眾生面前，顯現色身的入定與出定而已。

復於爾時：當所有的眷屬都在場，佛陀已經入於甚深禪定中時。

觀自在菩薩摩訶薩：指觀世音大菩薩。菩薩，如《入中論》中所講：得一地以上才能稱作菩薩；摩訶薩：指大菩薩，一般而言，處於三清淨地（八、九、十地），才能說是大菩薩。為什麼說是「大」呢？因為這三個地以上的菩薩，有廣大的布施、智慧、能力，能入於廣大的大乘法門，能降伏各種魔等等。

心經講記與實修法　附　心經要義辨析

行深般若波羅蜜多時：指在所有的眷屬中，觀世音大菩薩也在行持般若波羅蜜多。「行」有幾種意思：從廣義來講，閱讀、聽聞般若波羅蜜多等等，都是行般若波羅蜜多。也就是說，以般若為對境，以十種法行①的方式來行持，叫行持般若波羅蜜多。此處觀世音大菩薩的行，是指安住。當佛陀入於甚深禪定中時，觀音菩薩也隨著佛陀而入於智慧的境界中，觀修（行持）並安住於般若波羅蜜多空性之中。

般若：按印度講義的解釋方法，般若分三種：般若劍（斷除五蘊自性）、般若金剛（摧伏苦蘊）、般若燈（破除無明暗昧）。總而言之，以一切相無分別智慧，證一切法空，就是般若。

波羅蜜多：由般若即能到達彼岸，故名波羅蜜多。波羅密多分三種：世間波羅蜜多（能遮止三惡道苦）、出世間波羅蜜多（永斷生死輪迴後，獲得寂滅之涅槃）、出世間的勝義波羅蜜多（觀三界如夢，不樂欲於涅槃；觀一切有情如幻，也不希求佛果，這是超越一切的諸佛菩薩之境界）。因為一切法皆自性涅槃，如果獲得無住涅槃，即名獲得勝義波羅蜜多。

觀察照見五蘊體性，悉皆是空：這時，觀世音菩薩照見五蘊皆空。

一切有為法（器世間與有情世間的所有法），都可歸納為

《般若波羅蜜多心經》講記

---

①十種法行：彌勒五論的《辨中邊論》中講到十種法行：書寫、供養、施他、聽聞、披讀、受持、開演、諷誦、思維、修行。

五蘊。所謂「五蘊」，漢傳佛教又稱五陰或五聚，表示積聚的意思，也即眾多的色、受、想、行、識堆積在一起，覆蓋了真如法性。五蘊當中的第一個，就是色蘊，然後依次是受蘊、想蘊、行蘊、識蘊。

這句話的意思表明，觀自在菩薩已經現量地洞徹一切有為法都是空性。

照見也分幾種：

凡夫的照見，是以總相與自相的方式見到，比如五蘊皆空，我們可能是以理論方式進行推測觀察，以尋思分別念來照見五蘊是空性而已，實際上根本沒有真正見到五蘊的空性；

聲聞緣覺的照見，是通達一切五蘊皆是痛苦的因緣，五蘊為苦為集，以人無我的方式照見五蘊皆空；

佛陀和菩薩的照見，是以法無我與人無我的方式完全照見五蘊皆空，其所照見的五蘊皆空境界是最圓滿的。

這一段的整個意思是說：當所有的眷屬都在場，佛陀入於甚深禪定中時，觀世音菩薩也隨著佛陀入於智慧的境界中，觀修安住般若波羅蜜多的空性，並通達五蘊體性都是空性。此處「觀察照見五蘊皆空」一句，可以直接說成「照見五蘊皆空」，這樣就能和唐玄奘譯本保持一致，因為意義上是相同的。

雖然「度一切苦厄（離諸苦厄）」這句話，在藏文版中沒有，但據我所知，包括玄奘譯本在內的好幾種漢文

心經講記與實修法　附　心經要義辨析

版的《心經》當中，都有「度一切苦厄」這句話，究竟是何原因，現已無從考證。不過我想，無論是西藏前譯派寧瑪巴的譯師們，還是漢地的諸大譯師，很多都是佛菩薩的化身，他們在翻譯經論的時候，都是很慎重的，這句話應該有一定的來歷，所以我還是稍加解釋。

這句話的字面意思即：超越、遠離了一切苦厄。所謂「苦厄」，也即苦難、痛苦之意。

依照《俱舍論》的說法，痛苦分為三種：苦苦、變苦和行苦。

在《大智度論》當中，又將痛苦分為兩種，即內苦和外苦：

1、內苦：內苦又分兩種，即身苦和心苦。身苦：是指飢餓、疼痛、疲勞等肉體上的痛苦；心苦：也就是精神上的苦，像瞋怒、憎恨、嫉妒、憂慮、悲痛、哀悼、恐懼、苦悶等七情六欲；

2、外苦：外苦是生存環境上的苦，包括虎、狼、蛇、蠍的毒害，風、霜、雨、雪的侵襲，以及交通事故、飛機失事、空氣污染、食物中毒、臺風、海嘯等天災人禍。

以上講了此經的緣起部分，也即《心經》是依靠什麼樣的因緣才出現。其中最主要的因緣，是佛陀入定。因為，如果佛陀當時不入定，觀世音菩薩就可能得不到佛的加持而入於智慧定中，舍利子也不可能提出這

《般若波羅蜜多心經》講記

個問題。印度以前很多的大講義中都認為,《心經》出現的主要因緣,一個是佛陀入定的加持力;還有一個,是觀世音菩薩透過佛的加持力,也行持般若波羅蜜多,並照見五蘊皆空。

可能有人會問,在佛的眾多眷屬中(不管是七萬七千個還是一百萬個),為什麼觀世音菩薩是最主要的人物呢?依勝友論師(此處不確定)的說法:觀世音菩薩當時是貴族,是法會最主要的負責人,因此舍利子向他提問。

表面看來,諸佛菩薩集會,也像我們現在開法會時一樣,有主要、次要的參與者,比如說法的上師、主持人、高僧大德、與會信眾等等。在佛陀當時的所有眷屬中,目犍連、舍利子、觀音菩薩、文殊菩薩等是在佛陀身邊經常出現的大弟子,所以在眾多的弟子中,的確也有這樣的差別。

還有一種說法是,因為這部經宣說的是大悲空性,佛陀以神通力照見,如果由觀世音菩薩來宣講,會有無量眾生得到利益,故特意加持觀世音菩薩行持般若波羅蜜多,並照見五蘊空性,蒙受佛的加持力,舍利子也特意向觀世音菩薩提出這個問題。

由此可看出,《心經》的主要人物只有三個,其中佛陀是最重要的。雖然整個過程中,佛只在最後說了一句「觀世音菩薩,你說得很好,善哉善哉」,其他所涉及的整個基、道、果的全部內容,都是由舍利子提出問

題，觀世音菩薩回答宣說的，但不管怎樣，所有問題都是佛加持舍利子提出，並入定加持觀世音菩薩宣說的。

甲二、（抉擇經義）可分為二：一、以問答的方式而抉擇；二、經佛認可而遣除懷疑。

乙一、（以問答的方式而抉擇）可分為二：一、提出疑問；二、回答。

丙一、（提出疑問）：

時具壽舍利子，承佛威力，白聖者觀自在菩薩摩訶薩曰：若善男子，欲修行甚深般若波羅蜜多者，復當云何修學？

正當佛陀入定的時候，舍利子也在場，承蒙佛陀禪定威神之力的加持，他站起來雙手合掌，恭敬地向觀自在菩薩問道：「如果善男子希望修持甚深般若波羅蜜多，那麼，應當怎樣修持般若波羅蜜多呢？」

時：正當此時。當時所有眷屬都在場，佛陀已入於甚深三摩地，而觀世音菩薩在佛的加持下，也行持般若波羅蜜多，並照見五蘊皆空的時候。

如果觀世音菩薩自己沒有照見五蘊皆空，就沒有理由給舍利子解說，所以，當我們給別人講經說法，尤其是講佛經時，一定要註意這一點。

在古印度，除了龍猛菩薩、月稱菩薩等極少數的班智達以外，依靠自己的智慧來解釋佛經的人是很少很少的，但現在依靠自己的智慧解釋佛經的高僧大德卻比比

《般若波羅蜜多心經》講記

皆是。當然，有些高僧大德所講的佛經，我們也很隨喜讚嘆，但有些法師連經文字面上的意思都不能解釋，也不參考前輩大德的註解，只是隨隨便便地在念完一段經文後，就開始說一些世間的話，比如自己曾經到哪裏怎樣怎樣，這樣講完一通之後，就算是一個頌詞講完了。這種傳講佛經的方式，在傳統中是沒有的。當然，現在有些地方已經失去了講佛經的傳統，連傳承都斷了，所以佛經的講解變得像世間某些學校講課一樣隨心所欲。這樣用自己的分別念來講佛經，肯定會與佛經本身的內容有很大的出入。

　　我們在講解佛經時，要盡量結合高僧大德們的教言，如果沒有這些教言，自己就要格外註意，如果故意沒有解釋好佛經，是有很大過失的。當然，如果認為自己的理解和解釋很好而無意中使自己的解釋沒能符合經義，其過失就不是很大。

　　具壽舍利子：「具壽」是一種尊敬的稱呼。就像我們經常說的大方丈、大長老、長壽者等等一樣。

　　有些人以為舍利子是佛圓寂焚化金身時所產生的舍利，或者是大善知識圓寂荼毗時燒取的舍利。其實，這裏的舍利子，是指以小乘阿羅漢形象而顯現的佛的十大弟子之一的舍利子。因為舍利子的母親叫舍利（意即鶖鷺），按照印度人的風俗習慣，便依母親的名字稱他為舍利的兒子，即舍利子。（在藏地，這種稱呼方式也很多，孩子

心經講記與實修法　附　心經要義辨析

小的時候，用母親或父親的名字而稱呼其為某某之子。）

在後面的經文當中，觀世音菩薩每一句回答的前面，都應該有一個提醒詞——舍利子，你應該明白……比如，「舍利子，你應該明白，一切法都是色不異空，空不異色」；或者說，「舍利子，你應該明白，是諸法空相」等等。

講到舍利子這個名稱，大家應該了知，古代大譯師們將印度梵文的佛教經典譯成漢文時，通常有五種不譯：第一種是密咒不譯，如大悲咒、楞嚴咒、金剛薩埵百字明咒、觀音心咒，以及《心經》中的咒語等等，因這些咒語牽涉的意義廣大且密意深奧，因此不譯；第二種是多義不譯，如佛陀的名字稱為薄伽梵，而薄伽梵中有很多含義，因此不譯；第三種是此方所無不譯，即某些印度的方言或專有名詞等在中國沒有可以直接代替的詞句，所以不譯，如梵文的閻浮提，就原原本本地按印度音翻譯過來；又比如藏地的糌粑，在漢地沒有，如果一定要翻譯，譯成面粉、白面、青稞粉等都不大恰當，因此就直接按藏地的發音譯為糌粑；第四種是隨順習慣不譯，也有人說是特定的人名、地名不譯，比如舍利子，又比如釋迦牟尼佛當年宣說《楞伽經》的地方叫楞伽，故而稱為《楞伽經》等（有些人名代表一定意義，比如藏文中的「札西」表示吉祥，如果直接譯成吉祥是可以的，但有些人名什麼意義也沒有，就沒辦法意譯，只能直接用音譯）；第五

種是因尊重不譯，也即為表示對所譯對象特別尊敬而不譯，比如佛教中的「阿羅漢」、「菩提」等。

以上的五種不譯中，有些詞是因其中一種原因而不譯，還有些詞是因兩種或兩種以上的原因而不譯。比如「般若」一詞，其一是因多義而不譯，因為般若的意義很多，所以無法用一個詮表意義範圍相對狹窄的「智慧」來完全表達其內含；另一個原因，則是因尊重而不譯，因此，在講到《大般若》、《中般若》等時，就直接沿用「般若」這個詞。

我們在閱讀理解時，要了知以上五種不譯的習慣，否則有時可能會難以理解文章所表達的意義。一位學者也說過，由於現代沒有一位公認的大譯師，每個人在翻譯的時候，都按照各自的標準或理解來操作，從而導致有些人譯出來的文章內容，如果沒有特別解釋，也許就只有譯者自己或某一個圈子內的人才明白。在現代佛教經典的翻譯過程中，不管是藏漢互譯，還是漢英互譯等，這種問題都比較普遍，因此，我們應該盡量了解譯和被譯雙方的國家或地方當時的傳統和風俗習慣，以便理解譯文的內涵。

此經中的問題，是由舍利子向觀世音菩薩提出的，因為一般人無法提出這樣的問題。舍利子顯現上雖然是小乘阿羅漢，但很多經論都認為，他實際上是大乘菩薩，在佛弟子中智慧第一。《心經》是《大般若經》的

濃縮本，主要宣說般若，開發學人的大智慧，所以只有讓智慧第一的舍利子出面，才能與本經義旨相符，這就像宣說其他的一些經，比如《金剛經》時，佛會向弟子中「解空第一」的須菩提提問一樣。因為沒有一定的智慧，就很難提出空性方面的甚深問題。

平時我們在講考時也很清楚，要是自己沒有一定的水平，就根本提不出真正牽涉到空性的深奧或尖銳的問題。

承佛威力：承蒙佛的威德之力。即使是小乘中智慧第一的阿羅漢，也需要佛的加持和威力，才能提出大乘的甚深空性方面的問題。如果佛沒有真實加持，即便提出一個空性方面的深奧問題，也是相當困難的。

善男子：有些講義說，善男子是對觀世音菩薩的稱呼，比如在共利言的譯本裏面，是將善男子解釋為觀世音菩薩，說「善男子，若有欲學甚深般若波羅蜜多行者，云何修行？」但有些講義認為，如果舍利子直呼觀世音菩薩為善男子，就顯得不太恭敬。藏地有些講義就否定這種說法，說應該是舍利子問觀世音菩薩，「如果世間上有善男子（善女人是省略的）想修學甚深般若波羅蜜多，當如何修行？」

我認為這兩種解釋都可以。而且，稱呼觀世音菩薩為「善男子」，他應該不會生氣吧，因為他確實是個善男子嘛。不過，按照漢傳佛教的傳統，觀世音菩薩有時

是以女性的身份而顯現的，如果稱呼女性為善男子，她可能會有些不高興吧！

說一千，道一萬，總而言之，這句話的意思就是：此時，蒙佛加持，舍利子向觀世音菩薩提出一個問題：聖者觀世音大菩薩，您依靠佛的加持力已照見五蘊皆空，但世間很多的可憐眾生想修學般若波羅蜜多卻是很困難的，如果世間的善男善女真正想行持般若波羅蜜多，修習般若空性，到底該怎樣行持，怎樣修習呢？

丙二、（回答）可分為六：一、略說修持般若的方法；二、廣說般若之本體；三、證悟空性之功德；四、證悟般若空性之果位；五、宣說具有功德之密咒；六、教誡修學般若法門。

丁一、（略說修持般若的方法）：

作是語已，觀自在菩薩摩訶薩答具壽舍利子言：若善男子及善女人，欲修行甚深般若波羅蜜多者，彼應如是觀察，五蘊體性皆空。

承佛加持，觀世音菩薩就此問題予以回答（在有些了義經典中說，雖然觀世音菩薩早已成佛，並在無量世界中以佛陀的形象度化眾生，但觀世音菩薩也在釋迦牟尼佛前顯現為菩薩的形象來利益眾生）：在這個世間上，如果有善男子、善女人想觀修甚深般若波羅蜜多，也應該以五蘊皆空的方式觀修。

器世界、有情世界、十二處、十八界、十二緣起、

四諦等等，都可歸攝於五蘊，所以，在五蘊當中，已經包括了所有的法。有關講義中也講過，無論修持六度、四攝或其他任何法門，都應以觀空性的方式來修持，也即：在勝義中，萬法遠離一切戲論，遠離一切語言分別的境界；而於世俗中，萬法都是如幻如夢、如水泡如影像等，這就是觀修空性的基本方法。

麥彭仁波切在《中論》講義中也說：觀修般若波羅蜜多的方法，就是以勝義中萬法猶如虛空，遠離一切執著、一切戲論的方式修持；而在世俗中以萬法顯而無自性的方式修持。

佛陀為什麼要顯現以入定的方式來宣說這個經典呢？佛陀的意思就是為了表明，作為後學者，我們一定要觀修般若空性法門，如果沒有觀修，是不可能成就的，因此，在這次《心經》講完以後，我會給大家講一講藏傳佛教特有的《心經》修法。

修法是很重要的，如果不懂修法，只是每天將《心經》背得滾瓜爛熟，也只不過是詞句上的讀誦而已，實際的收效並不會太大，所以，在念誦的同時，還要思維和修行。

你們也要反躬自問，自己是否做到了通過讀誦、受持、聽聞、思維、書寫等全部十法行來行持《心經》。在有些道場或寺院中，只有讀誦，早課讀，晚課也讀，但從來不思維，也從不修持，僅以這種方式來行持如此

甚深之空性法門，是遠遠不夠的。

《心經》這樣的空性法門，是百千萬億劫都很難遇到的，我們既然有幸遇到了，就應該盡量放下一切，空出時間來觀修其中的內容。

以上，就是略說修持般若的方法。也即：不管善男子、善女人（有些論師講，這其中也間接包括了石女之類的所有人）等什麼樣的人，都應該行持般若波羅蜜多。

怎樣行持呢？就是以五蘊皆空的見解而攝持：在凡夫位時，我們以分別念來了達色蘊、想蘊等五蘊自性都是空性；在證得人無我和法無我之後，則以真正通達二無我的方式來照見五蘊皆空。

不管怎樣，作為凡夫人，以五蘊皆空的見解來攝持自己的心行，我們現在應該是可以做得到的。比如，我們平時磕頭、修加行或念咒時，要了知在世俗中這種如幻如夢的積累善根是存在的，也是不可缺少的；但在勝義中，這些都如同清淨離垢的虛空一般遠離一切戲論。如果以這種見解來攝持修行，我們平時在生活中所牽涉到的對五蘊的執著，就會逐漸消失，並能最終徹底斷除我執，如果我執斷除，則與我執相關的對五蘊的執著自然也會息滅。以這種方式來修持，就是《心經》的基本修法。

從以上這些內容中，我們也可以了解到，《心經》並不是佛陀親口所說的佛經。

心經講記與實修法　附　心經要義辨析

本來，佛經有三種：

第一種，是佛陀親口說的佛經，《般若攝頌》等等就屬於此列；

第二種，是佛陀加持以後所產生的佛經。《心經》的主要內容，就屬於加持佛經的範疇，因為都是佛陀加持觀世音菩薩說出來的。正因為佛陀的加持，觀世音菩薩才會顯現「照見五蘊皆空，度一切苦厄」的境界。就像世間某些領導在講話之前，先向秘書交代意圖，再由秘書擬出講話稿，領導過目同意之後，就在會議上照本宣科地念一遍，秘書寫的東西一下子就成了領導的講話，誰也不會認為那是秘書的意思。同樣，雖然《心經》的內容，是舍利子與觀世音菩薩的對話，但裏面卻包含了佛陀準備向眾生宣說的所有般若之精華，與佛陀本人所講的沒有任何差別。如果能徹底通達《心經》，則所有《般若經》的內容都可以舉一反三、融會貫通了；

第三種，是佛陀開許的佛經。所謂開許的佛經，即是指在有些佛經的前面，會出現緣起的內容，中間會出現一些像「佛說（世尊告言）」、「阿難說（阿難啟白）」等等之類的連接文，最後還有聽眾隨喜讚嘆的文句。這些詞句不是佛說的，而是在佛陀允許的情況下，由後人加上去的。佛陀曾告訴弟子們，以後你們結集佛法的時候，前面要加上緣起，中間要加連接文，最後要有交代，這樣世人才能看得明白。換言之，穿插於前、中、

《般若波羅蜜多心經》講記

後的這些部分，被稱為「開許教」，它既不是佛陀親口所說的，也不是因佛陀加被的力量而說出的，而是佛陀開許的內容，所以被稱為「開許教」。

無論加被的也好，開許的也好，所有的佛經，都是依靠佛陀的力量才產生的，如果沒有佛的加被，誰也不能自己說出這些深廣妙法。由此可知，所有的佛法都具有同等的加持，都屬於佛法。

在《心經》當中，就包含了三種教的內容，但其中的主要內容，則是加被教。

至此，其他譯本中前面的序言部分就結束了。大家以後如果有機會給其他出家人或居士講《心經》，以上所講的部分只是作為參考，真正的內容是從下文開始，前面開頭的緣起和後面的結尾部分可以不講，只講中間抉擇般若的這一部分就可以了。（休息一下吧！是不是剛才大家吃得太多了，好多人都在打瞌睡，一般吃素不會打瞌睡的。）

（眾笑）

丁二、（廣說般若之本體）可分為三：一、了知基般若；二、了知道般若；三、了知果般若。

戊一、（了知基般若）可分為二；一、宣說五蘊空性；二、宣說七種甚深法。

己一、（宣說五蘊空性）可分為二；一、廣說色蘊空性；二、以此類推其他蘊。

庚一、（廣說色蘊空性）：

這次講解的科判，是以藏文和《心經》廣本為參考而進行闡述的。其中「廣說般若之本體」的內容，是從抉擇基般若、道般若、果般若三個方面進行講解的，因為一切萬法都可包括在基、道、果當中。修行時，首先要抉擇一切諸法的基是什麼；然後行持該基，這就是修持之道；經過修持最後到達的果位，就是果。無論講大圓滿、大手印，還是顯宗的一些基本法要，全都不離基、道、果。對修行人而言，安立和認識基、道、果，是相當重要的。

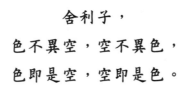

舍利子，

色不異空，空不異色，

色即是空，空即是色。

以下內容，是關於如何修持般若的回答。觀世音菩薩首先宣講了五蘊，以及十二處、十八界等基法的空性；隨後講了十二緣起、四聖諦等道法的空性；最後又講了作為果法的佛智之空性。

接下來的四句話，就是宣講五蘊之空性的，這段話同時也是整個《心經》的中心。「色不異空，空不異色，色即是空，空即是色」，意思是說，色法即是空性，空性即是色法，除了空性以外沒有什麼色法，除了色法以外也沒有什麼空性。

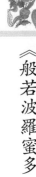

《般若波羅蜜多心經》講記

這段內容非常重要，是《心經》的要旨和精華所在。如果真正能懂得色空不二的道理，其他問題也就迎刃而解了。

要理解這四句話，首先應當知道什麼是「色」，這是很重要的。如果連色法的概念都搞不清楚，就無法領會這段話的意思。

從《俱舍論》的角度來說，五蘊當中的「色」，與眼睛所見的「色」，也即色、聲、香、味、觸、法當中的「色」的概念是不一樣的，它包含了十有色界或十有色處，也即眼等五根、色等五境，以及法界的一部分無表色。

而《大乘五蘊論》當中又說道：「云何色蘊，謂四大種及四大種所造色。」所謂「四大種」，就是指地、水、火、風，色蘊就是由這四大種構造而成的。

《大乘阿毗達摩集論》當中又云：「色蘊何相？答：變現相是色相，此有二種，一、觸對變壞；二、方所示現。」所謂「觸對變壞」，也即可以感觸，並因其他因素影響，而能使其變化、損壞乃至毀滅的，包括眼、耳、鼻、舌、身五根，以及五根所感受的對境；所謂「方所示現」，則是指紅、黃、長、方，悅耳、刺鼻，酸、甜、苦、辣，粗糙、柔軟，以及其他的抽象概念。

雖然說法不同，但總體大義卻是大同小異的——色法不僅僅是肉眼所見的粗大物質，即使看不見的東西，

也可以稱為色法。

　　初學者往往對此感到困惑不解，覺得這種觀點是矛盾的：我親自見到、感受到的這些東西，比如這個麥克風或者這個杯子，怎麼會是空性呢？而眼前的這一團虛空，又怎麼會離不開「色」呢？絕不可能！如果茶杯是空，那它怎麼可以裝茶水呢？它肯定是不空的。

　　沒有學過中觀、因明，或是對空性一無所知的人，也會有這樣的疑惑：怎麼能說「色不異空，空不異色」呢？如果色法和空性是一體，這肯定不對，是不是釋迦牟尼佛已經遮破了顯現？

　　說出這種觀點的人，就沒有懂得佛教的空性之理，實際上，顯現並沒有被遮破。此處所說的空，並不是指顯現空，在抉擇這個問題的時候，我們要分清現相和實相的區別。

　　在具有迷亂的眾生前，現相肯定是有的，中觀論師也承認，真正遮破顯現的中觀派是沒有的，但顯現並不離空性，空性也不離顯現，顯空二者實際上是一體的。

　　覺囊派高僧大德達那塔尊者的《心經》註釋中有個比喻恰當地說明了這個問題：在黃疸病患者眼前，白色的海螺顯現為是黃色，黃色才是他當下所見到的顏色，但實際上白色的海螺並非黃色，黃色完全是不存在的，但它卻會顯現在黃疸病人眼前。對一個黃疸病眼翳者來說，他怎麼樣也看不出白色海螺，而只能看到一個黃色

《般若波羅蜜多心經》講記

的海螺，但實際上白色才是海螺的真相，在沒有眼翳的人面前，海螺就是白色。所以，我們可以這樣說：在眼翳者的眼前，黃色的海螺不異於白色的海螺，白色的海螺也不異於黃色的海螺，白色的海螺就是黃色，黃色的海螺就是白色。

同樣，空性好比是白色的海螺，黃色好比是我們所見的色法，就像白色是黃色海螺的本性一樣，空性才是一切色法的本性。我們現在所看見的這些色法，不管茶杯、瓶子、柱子等等，雖然有顏色、形狀、有阻礙性，存在著不同的實體顯現，但實質上，在如此顯現的同時，它們就是空性。在諸佛菩薩的境界中，則是一種無阻礙的大光明空性，而且這種大光明的空性並不離顯現。

在榮頓大師的《心經》註釋，以及《大圓滿心性休息大車疏》中，是用「水月」來比喻空性的：水中的月亮就是空性，空性即是水月，空性不離水月，水月不離空性。

雖然凡夫人面前有諸法的顯現，但這種顯現並不是真相。古印度札夏薩生論師在《心經》的廣釋中說到：色法分三種，一種是遍計色，一種是分別色，還有一種是法性色。凡夫眼前的所見是遍計色法，如眼前所現的瓶子、柱子等，因為這也是凡夫分別念的所見，所以同時也是分別色，這兩種色法都是不真實的。

真正的色法，是法性色法，而法性色法是我們現在

看不見的，屬於諸佛菩薩的境界。如同白色的海螺只有沒有患黃疸眼翳的人才能看見，眼翳者無論如何也看不出白色海螺，而只能看見黃色海螺一樣。

如果只是從空性的角度來解釋「色不異空，空不異色；色即是空，空即是色」這一段，可能有些困難，但如果結合釋迦牟尼佛第三轉法輪的內容，尤其《大幻化網》及密宗的一些論典來解釋，可能更方便易懂。因為這裏所指的空性，並不僅指單空，而是指光明離戲的法界本體。前面所講的海螺，也可比喻成不可思議的法界。在沒有眼翳者前，所見的是白色海螺，而有眼翳者前所見的是黃色海螺，但不管有無眼病，所見都是海螺。同樣，無論顯現如何，萬法之本體都是光明離戲之法界。

按照他空派的觀點，一切光明離戲的法界本體是存在的，但這種存在的方式，並不是以我們凡夫的分別念，如顏色、形狀等尋思或可用言語詮表的方式來建立的，而是以超離言思的、不可思議的方式存在著。如果能這樣結合起來解釋，可能會容易理解一些。

「色不異空，空不異色；色即是空，空即是色」這個問題非常關鍵，如果通達了這個問題，則《心經》的其他內容，如抉擇其他四蘊、十二處、十八界、十二緣起、四諦等等的道理都可以此類推。

佛陀在此強調，我們所見的顯現實際上不離空性。

《般若波羅蜜多心經》講記

對此，我們還可以用破四邊的方式來抉擇，也即破除凡夫、外道的執著，破除聲聞緣覺的執著，最後獲得諸佛菩薩的境界：

之所以講「色不異空」，是因為凡夫都執著有，對色法有很強的執著，認為一切境相都是實有的。佛陀在此告知我們：凡夫認為實有的瓶子、柱子等實際上不離空性，不要執著於外境色相。要明白，我們縱然費盡畢生精力，絞盡腦汁去追逐求取，到頭來只是一場空，來世反而會隨業受報，枉受輪迴之苦。這句話是破「有」的邊。

之所以講「空不異色」，是因為聲聞緣覺認為寂滅的人無我空性是實有的，從而對這種空性有一種實有的執著，針對他們，可以用「空不異色」來破：你們所認為的這種人無我空性，實際上不離色法，色法也可以是指清淨光明，這種清淨光明並不是不存在的，從而破除聲聞緣覺所耽執的「無」邊。

總而言之，當我們看見一個杯子的時候，這個杯子同時也是空性的，並沒有實在的物質本體，這就是「色不異空」；雖然沒有實在的物質本體，但杯子卻能夠盛裝茶水，而不是絕對的頑空，這就是「空不異色」。另外，我們不要理解錯了，因為這個杯子先是存在的，過了一會兒，在經過分析以後，它就變成了空性，而是在盛水的同時，它就是空性；在空性的同時，它就可以盛水。

說得明確一點，「色不異空」主要是對凡夫講的，而「空不異色」則主要是對聲緣行人講的。

第三、四兩句「色即是空，空即是色」，則是針對有些菩薩而言的，因為某些菩薩還存有一些細微的，對「有無二俱」和「有無非二俱」兩種邊的執著。他們把色與空看成對立的兩個東西，是色便不能是空，是空就不能是色，其實，這一切本來是圓融無礙、色空不二的。

「不異」是沒有差異、別無二致的意思。雖說別無二致，但人們總覺得還是針對兩種東西比較而言的，所以還是有兩樣東西存在，不是混同一體的，所以，佛為破菩薩執二見之過，便緊接著說：「色即是空，空即是色。」色、空不是兩個本體，而是完全一致的，無有二般的。

麥彭仁波切也曾引用一個教證說，此段就是對應中觀的四步境界——首先是抉擇空性，然後是二諦雙運、離戲、等性。

有人認為：既然一切都是空，一切都不要執著，一切都要放下，那就什麼也不要做了。其實非然，佛法所說的空，是性空而非相空，這叫做「緣起性空」。

色法就是空性，空性就是色法。中觀宗以金剛屑因、破有無生因等進行剖析時，色法全部都不存在，但在不存在中，卻可以顯現萬法。

有人會產生疑惑：不存在中為什麼可以顯現萬法

《般若波羅蜜多心經》講記

呢？實際上，這都是心的一種妙用，以心的妙力，什麼法都可以顯現。

在麥彭仁波切的《如來藏獅吼論》，以及其他一些高僧大德的論典中都探討過一個問題：外面的無情法是否有如來藏？

實際上，無情法也是如來藏的一種妙相，因為無情法也是一種心的顯現。而心的本體也是空性，空性中可以顯現這些色法。無始以來，我們都認為顯現就是能看見的東西，既看不見，也感受不到的才是空性，但實際上並不是這樣，任何一個東西，只要它的本體不存在，就是空性。

不要說是佛教界，包括現代物理學的研究成果，都在空性的問題上往前邁了一大步，已經比經典物理學的觀念更接近於空性。

愛因斯坦就首先提出了質能轉換原理：所有的物質，如瓶子、柱子等等，都可以轉換成沒有任何阻礙的能量。也就是說，包括我們生存所依賴的地球、我們的這個肉體等等，全都可以轉換成通徹無礙的能量。

學過物理學，或者有一點量子力學常識的人都知道：所有眼睛能看到的物質，都是由分子所組成的；分子再往下分，就是原子；原子再往下分，就是電子和原子核；原子核又可以分出質子和中子；然後，又可以分成更小的誇克；在誇克的後面，還有亞誇克；目前物理

心經講記與實修法　附　心經要義辨析

學所研究出來的最新成果表明，在亞誇克的下面，是一種場。

所謂的「場」是什麼東西呢？就是根本看不見、摸不著，沒有任何物質性質的，像虛空一樣的能量。也就是說，在一切物質的表象背後，只是一種場而已，除此之外，並沒有什麼實在的東西。比如說，當我們看見這個杯子的時候，這個杯子卻是由能量所組成的，並不存在什麼有質礙的、實實在在的物質本體。這種能量不是通過轉換而得到的，而是在物質存在的當下就是能量。

當然，從佛教的角度而言，這種觀點並不究竟，因為量子物理學家還執著一個「場」的實有，所以離佛陀的境界還差得很遠。不要說遠離一切戲論的大中觀境界，就是小乘阿羅漢的無我境界，他們都沒有通達。

而釋迦牟尼卻在很早以前，就證悟、通達了比這更深入、更究竟得多的終極境界，並把這些證悟境界告知了後人，稍微學過一點佛教唯識宗或者中觀宗的人，對量子力學的觀點不但不會感到驚奇，而且還會覺得這只是很粗大的分解物質的層面，遠遠沒有將物質分透、分徹底。

佛教超勝於科學的地方還在於，量子力學告訴我們的，都是常人既無法親身體會，也不能親自推導的科研成果，而佛陀卻不是讓世人盲目地接受他的證悟「成果」，還進一步用通俗易懂的邏輯推理方式，讓每一個凡人都能親自推斷出空性的結論。如果願意進一步往前

走，還可以親身體會到佛陀所證的空性境界。

　　大家可以試著依照量子力學的觀點來想象一下，我們所在的這個房子，只是一大堆的能量，並沒有什麼實在的物質。當意識到這些以後，你們有沒有一種懸在空中、無所依托的感覺？要知道，這些牆壁、地板、桌子、凳子等等，都是不存在的啊！你們會感到恐慌嗎？反正很多量子物理學家都感到恐慌過。正因為如此，量子力學的創始人玻爾才會深有感觸地說道：「誰不為量子力學感到震驚，那他就是沒有理解量子力學！」

　　愛因斯坦也曾說過：「物質是由於人類的錯覺。」又說，「宇宙中的存在只有場。」

　　當科學家發現這種現象時，他們也很驚訝，但可惜這些科學家們不懂佛教中觀的道理，否則他們也就不會如此驚訝了。

　　西方的哲學家也有過這方面的探索。比如，作為法國著名的哲學家、數學家兼物理學家，解析幾何學奠基人之一的笛卡兒就認為：「我怎麼知道我不是在做夢，而我又憑什麼將夢境和現實區分開呢？完全可能有一個魔鬼，一直在欺騙我，讓我不知道什麼時候是真的，什麼時候是假的。那什麼是真的呢？」

　　英國唯心主義經驗論的主要代表貝克萊，也從物理學中驅走了實體概念，他認為，事實上並不存在「自我」這種印象，因此也沒有「自我」這種觀念（第一卷，

心經講記與實修法　附　心經要義辨析

第四編，第六節）——「當我極密切地體察我稱之為我自己的時候，總要碰上一種什麼特別的知覺——冷或熱、明或暗、愛或憎、苦或樂的知覺。在任何時候我從不曾離了知覺而把握住我自己，除知覺而外，我從不能觀察到任何東西。」他含著譏諷的意味承認，也許有些哲學家能感知他們的自我，「但是撇開若干這類的形而上學家不談，對人類中其餘的人我可以大膽斷言，自我無非是一簇或一組不同的知覺，以不可思議的快速彼此接替，而且處於不絕的流變和運動中。」

經驗論的另一位代表休謨，也對人的知覺、觀念之外的任何存在都持懷疑態度。他認為，我們所能知道的只是自己的感覺，至於感覺之外，不管是物質實體還是像上帝這樣的精神實體，都無法確定其是否存在。休謨把自己的這個觀點稱為懷疑論。

中國的道家也有「壺中日月」、「耳視目聽」、「莊周夢蝶」等打破世人固有觀念的說法，但道家的見解卻偏向於消極無為，他們否認緣起現象，沒有積累資糧、懺悔罪業等方便，只是追求一種「墮肢體、黜聰明，離形去知、同於大通」「形如槁木」、「心如死灰」、「吾喪我」的「坐忘」等自我陶醉的精神境界。至於道教的天尊信仰、修內外丹、屍解成仙等等，就更是與佛教相去甚遠了。

總的說來，雖然主觀唯心主義有「存在就是被感

《般若波羅蜜多心經》講記

知」等等之類的主張，量子力學也將物質的概念抉擇到了「場」的境界，世間的任何一個哲學家或科學家，無論是東、西方哲學還是現代科學，都無法證實事物的真實存在，但迄今為止，他們還沒有真正通達這個問題。他們的理解和結論，與佛教的見解還有著天淵之別。

由此可知，即便是從物理學的角度來剖析，也可以得出，任何微塵許的法，不論瓶子、原子還是誇克，到最後都不可能實有存在。既然事物的本體不存在，又怎能不是空性呢？這個觀點，就與佛教比較接近了。

以前臺灣有個佛學人士對物理學特別精通，他專門將天文學、量子力學、《心經》、《寶積經》、《華嚴經》中的很多道理結合在一起進行探討，清楚地論證了佛教與現代科學的相似之處，以及很多現在科學尚未探索到的佛教境界，十分值得我們借鑒，但可能是他還沒有精通佛教中觀和因明理論的原因，所以沒有將佛教與物理或其他學科相沖突的一些問題解釋得很清楚。

作為修行人，若能將世間的有些問題和佛教的道理結合起來，也能幫助自己進一步理解和通達很多往常無法理解的問題。

也許有人會問：科學家們是通過科學儀器將物質一步步進行分解，最終抉擇為「場」的，那麼，佛教又是如何抉擇空性的呢？

佛教抉擇空性的方法可謂五花八門、各有所長。其

心經講記與實修法　附　心經要義辨析

中比較簡單，又與物理學比較一致的推理過程，就是先按照物理學的方法，對瓶子等粗大物質進行細分，當分到物理學目前不能再分的能量之際，再進一步通過大緣起因、破有無生因等方法進行抉擇。比如，這些能量是如何產生的？是原來已經存在的能量重新產生，還是產生了一個原來根本不存在的能量？如果是前者，就有不必再生的過失，因為能量已經存在；如果是後者，那我們就可以問：這個能量是因緣而生還是無因而生的，如果是無因而生，就有無窮生的過失；如果是因緣而生，那麼，在由因生果的過程中，因與果是否接觸，如果接觸，則在因法存在的同時果法也存在，既然果法存在，也就不必再生；如果不接觸，那因法又怎麼對果法的產生起作用呢？通過一系列的推導，最後，這種所謂的能量也徹底消失，而成為只能由我們的意識去想象，實際上根本不存在的東西。

我們可以從上面的推理中領悟到，雖然我們的眼睛可以看到形態各異的物質，但如果去追蹤這些物質的本體，就只能一無所獲。在不觀察的情況下，瓶子是存在的；一旦詳細觀察，瓶子就不可能存在。

再以這個房子為例，我們都認為這是一間實有、完整的房子，但實際上，它卻是由各種建築材料組成的，除了一堆建築材料以外，並不存在什麼房子的本體，而在拆散的每一塊建築材料上面，你能指認出哪一塊是房

子嗎？絕不可能。

　　在座的人往往會有這種觀念，「我坐在這裏上課」。其實，我們都忽略了一個邏輯上的漏洞。請問，你這個所謂的「我」，究竟在哪裏？是在你身體的內部還是外面？一般人都會回答說，肯定是在我身體的裏面，而不可能在外面。那麼，我們又可以繼續問道：既然在你身體的裏面，那又在身體的那個部位，頭部、軀幹、四肢，還是其他什麼地方呢？很多人都知道，有些沒有四肢，甚至失去了所有軀幹或者大腦的人也存在著。

　　不止一次發生過這樣的情形，交通事故的遇難者在身體和大腦分開了很長時間以後，他的大腦仍然能夠工作，連眼睛都可以眨動；而另外有些沒有軀幹或大腦的人，也仍然可以存活很多年，對於這些人而言，他們的「我」究竟在哪裏呢？難道這個「我」還知道在身首異處之際，迅速跑到軀幹或大腦中去嗎？面對這些問題，我想誰也說不出一個令人信服的答案。

　　如果還是不服氣，認為所謂的「我」是在大腦或者心臟裏面，那我們又可以將大腦或者心臟分細，然後又在每一個分細的部分去尋找，直到任何人也找不到一個「我」所存在的位置為止。也許有的人會說，就算在身體的每一個部分上找不到我，但有一個精神卻是我。

　　所謂的「精神」究竟是什麼呢？說來說去，無非是一些思想或者念頭而已，那我們又可以將這些思想或者

心經講記與實修法　附　心經要義辨析

念頭按照時間的長短來分細至虛空，這也是抉擇後面的受想行識為空的方法。可以毫不誇張地說，不管你把什麼當成「我」，中觀理論都可以將其駁得體無完膚。

要想通達這些道理，建議你們看看《中觀根本慧論》，裏面有很多剖析空性的邏輯推導方式，對尚未證悟空性的凡夫而言，這些推理對破除實有執著還是有一定作用的。

還有一種證明萬法空性的理由：如果一切萬法都是實有的，那麼，它們的性質就應當是固定不變的，但事實卻並非如此。比如說，同樣的一個聲音，有些人覺得它悅耳悠揚，有些人認為它刺耳難聽；同樣的一瓶五糧液，愛喝酒的人認為它色彩晶瑩通透，香味芬芳悠長，味道香醇爽口，倒在杯子裏的聲音猶如線泉叮咚，喝到肚子裏的感覺仿佛騰雲駕霧，真可謂色、聲、香、味、觸樣樣美妙；而對於了知喝酒過患與不愛喝酒的人來說，這些感覺就怎麼也不可能找到，聞起來辛辣刺鼻，喝起來苦澀刺喉，一喝到肚裏，就感到反胃，無論如何也不會有一點美妙的感覺。如果五糧液是實實在在的實有之物，就應當只有一種固有的本質，但實際上卻是仁者見仁、智者見智，每個人對它的感覺都是不一致的。

這些道理證明，除了一個假合體之外，所謂的「我」與外境等等並不存在實有的本質，人們只是以分別念才把一種幻覺執著為我與外境，只有在用佛教理論

將其騙人外衣脫下以後，空性真相才能水落石出。

此時此刻，雖然那些認為「我」與外境存在的人已經理屈詞窮，但仍然會想不通：明明我今天早上起床後，坐車參加了放生，現在又在這裏上課，我怎麼會不存在呢？這個瓶子明明在這裏，怎麼能說它是空性呢？

我們不能僅僅因為自己的感覺，來判斷事物的存在與否，因為我們的感官本身都是錯誤的。比如說，如果認為眼睛看得見的才是有，看不見的就沒有，那麼，X光射線、紫外線、紅外線、分子、原子、中子、質子、電子等等，都是我們的肉眼看不見的物質，我們平時以為一無所有的空中，也充滿著氮、氧等元素的分子，你能說它們沒有嗎？

還有，我們一直以為，這張桌子是靜止的，但事實上，構成桌子的每一個原子都在一刻不停地運動。包括我們人也是一樣，有句詩是這樣說的：「坐地日行八萬里」，有一點地理常識的人都知道，地球每天自轉的距離為四萬多公里，也就是一個赤道的長度，而且地球還在圍繞著太陽公轉，地球上的人每天至少要運行四萬多公里。雖然地球上的一切都在動，但我們卻感覺不到這一切。

再比如說，我們在夢中所夢到的景象，又是看得見、摸得著的，夢中吃飯也能吃得津津有味，夢中爬山也能累得汗流浹背，夢中被老虎撕咬，也會痛得嗷嗷大

心經講記與實修法　附　心經要義辨析

叫，但這能代表夢境真實存在嗎？

你也許會說，夢中的感覺是模糊的，醒後的感覺是清晰的；夢裏的事情往往變幻不定，缺乏邏輯，現實中的事情則比較穩定，條理清楚；人做夢遲早會醒，而醒了卻不能再醒等等。然而，別人會追問你，你的感覺真的那麼可靠嗎？你有時候也會做那樣的夢，感覺相當清晰，夢境栩栩如生，以至於不知道是在做夢，還以為夢中的一切是真事。那麼，你怎麼知道你醒著時所經歷的整個生活不是這樣的一個夢，只不過時間長久得多而已呢？事實上，在大多數夢裏，你的確是並不知道自己在做夢的，要到醒來時才發現原來那是一個夢。那麼，你之所以不知道你醒時的生活也是夢，是否僅僅因為你還沒有從這個大夢中醒來呢？夢和醒之間真的有什麼原則上的區別嗎？

大家都知道南柯一夢的故事，主人公在前後不過幾個時辰的夢中，都能經歷漫長而又復雜的一生，這些夢境不都是根本不存在的嗎？

莊周也有過夢蝶的疑問，他提出的問題貌似荒唐，實際上卻是一個非常重要的問題。這個問題便是：我們憑感官感知到的這個現象世界究竟是否真的存在著？莊周對此顯然是懷疑的。

其實，每次從夢中醒來的時候，我們都可以反問自己：我怎麼能斷定剛才的經歷是夢，而現在的經歷不是夢呢？我憑什麼區別夢和現實呢？

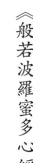

在莊周看來，既然我們在夢中會把不存在的東西感覺為存在的，這就證明我們的感覺很不可靠，那麼，我們在醒時所感覺到的自己，以及我們周圍的世界，也很可能是一個錯覺———一種像夢一樣的假象。

無數的事實足以證明，我們的感覺是錯誤的。宇宙中的森羅萬象，從日月星辰到草木蟲魚，一切的一切，都僅僅是色相而已，色相背後所蘊含的真理就是空性。

佛經當中有一個比喻，如果在漆黑的夜晚點燃一枝香，並用它在空中畫一個圈，就會看見一個亮的圓圈，我們都知道，事實上並沒有什麼輪子一樣的圓圈，只是一個點著了的香頭在旋轉，因為我們的眼睛缺乏分辨力，所以才將它看成了一個輪子。這種實際上並不存在的圓圈，佛陀稱之為「旋火輪」，並以這種現象來形容世人所感知的一切顯現。

當然，佛陀也不否認世俗當中的現象，他也不會說，這個杯子是空性，所以不能用來裝茶水。在錯誤的幻覺當中，這些現象都是可以成立的。不過，這些現象就像我們在夢中所夢到的景象一樣，雖然看得見、摸得著，卻不能代表這些夢境的真實存在；或者像水中的月亮，雖然看起來像真正的月亮一樣，但實際上卻只是一個倒影，一種錯覺而已。

為什麼會有這樣的現象呢？這就是緣起的作用。當因緣和合的時候，就會顯現出不可思議的現象。緣起的

心經講記與實修法　附　心經要義辨析

道理是非常深奧的，恐怕一下子要理解有點困難，但如果多學一些中觀的論典，並按照其中所講的見解去修習，最終一定會通達緣起的甚深奧義。

大家要清楚，此處所說的空性之空，並不是指這間房子內外的空間。

漢地法師愛用「真空妙有」來表述這個意思，所謂「真空」，也即一切萬法的本體都是空性，空是諸法的真相；所謂「妙有」，也即雖然是空性，卻能奇妙地顯現出各種看似實在的形態。

就像一個演技出色的演員，雖然他可以化各種不同的妝，可以飾演各種不同的角色，但無論如何，他還是他，並不會因為化妝的不同，或是角色的不同而有所改變。「空」也是這樣，無論空的表象如何不同，但空的本質卻是永恒不變的。

以上從物質方面來說明了緣起性空，然而，《心經》所包含的涵義，是佛菩薩行深般若波羅密多時所徹證的、超邏輯的境界，這是異生凡夫始終無法體悟的。只有通過親身的修證，方可一窺其間之堂奧。

庚二、（以此類推其他蘊）：

受想行識亦復如是。

所謂「受」也即苦受、樂受以及不苦不樂的中等舍受；所謂「想」，如《集異門論》云：「何等為六？謂

眼觸所生想，耳、鼻、舌、身、意觸所生想，如是名為諸所有想。」用通俗的話來說，就是人的思維、想象、概念、觀念、分別念等等，甚至包括無色界的禪定等持，以及色界的分別念等等；所謂「行」，乃色、受、想、識四蘊以外的一切有為法，也即除了受、想以外的一切心所相應行與得繩等不相應行；所謂「識」，指六種識聚或八種識聚。包括眼識、耳識、鼻識、舌識、身識、意識，有些論師還加上了末那識和阿賴耶識，這樣一共為八識。

眼睛能看見色相，是眼識的作用；耳朵能聽到聲音，是耳識的作用；其他鼻、舌、身、意四根對香、味、觸、法四塵所生的識，就是鼻、舌、身、意四識；第七識末那識，意即「我執」，有稱「染淨依」或「染污意識」的，本來末那識也屬於意識的範疇，但因為它是我們流轉輪迴的主因，所以把它單獨列出，以便我們認清這個頭號大敵；第八識阿賴耶識，也即含藏識，是不分是非、不問好壞，專管儲藏的心識，也是令我們不斷生死輪迴的根本。

前面已經把色蘊與空性的關系交代得十分清楚，色法既然為空，受、想、行、識也是同樣的道理，一破一切破，統統可以用分解色蘊的方法來破除，所以此處就不必浪費口舌，而把受、想、行、識四蘊，以一句「亦復如是」一筆帶過，這種繁簡得當的方便善巧，也同時

揭示出「萬法平等，圓融無二，一即一切，一切即一」的真理。

　　佛陀先善巧地引導我們從最近的、最容易執著的色法開始觀察，當我們明白了色法的本質是空性之後，就很容易了知其他萬事萬物的本質也一樣是空的道理。佛陀用最淺顯的例子來生動形象地啟示我們，使我們輕而易舉地通達了至深的道理，這也是佛陀所特有的，大徹大悟之智慧的表征。

　　綜上所述，經文當中所說的「受想行識亦復如是」如果展開來講，就是「受不異空，空不異受，受即是空，空即是受；想不異空，空不異想，想即是空，空即是想；行不異空，空不異行，行即是空，空即是行；識不異空，空不異識，識即是空，空即是識。」

　　以上內容，屬於抉擇基、道、果中基法為空的分析方法。

　　己二、（宣說七種甚深法）：

　　舍利子，是諸法空相（是諸法空，無相），不生不滅，不垢不淨，不增不減。

　　這一段藏漢文的第一句稍有不同，在藏文版的這段話當中，觀自在菩薩又對舍利子宣說了遠離一切戲論的八種甚深法：空、無相、不生、不滅、不垢、不淨、不增、不減，但由於很多漢文譯本中都只提到七種，因此

《般若波羅蜜多心經》講記

我們也按照七種甚深法來講解。

是諸法空相：這是七種甚深法中的第一種，指一切萬法不僅其自性是空，而且萬法的相也是空性。關於這一點，在《金剛經》中也說「凡所有相，皆是虛妄」，一切萬法不存在真正實有的相，諸法的法相、名相、事相都是不存在的（《中論》第七品中也專門破斥這三相）。但眾生都執著相為實有，認為某個具有名相的聲音、色法，或是味道的事相有很好聽、很好看、很好吃的法相等等，認為這些相都實有存在。其實，雖然表面看來萬法都有相，不管男人、女人、山河大地等每一種法都有它的行相，但這只是虛妄分別念的假立，除此之外，具芝麻許實有行相的法也是不存在的。如果通達這一點，就很容易了知有境，也即取相的能境也不存在，從而將萬法的本體都抉擇為般若空性。

不生不滅：表面看來，萬法都有依因緣聚合而生的現象，比如春天萬物復甦、新芽萌發的產生，夏天鮮花盛開、草木蔥鬱的產生，秋天瓜果成熟、霜葉艷紅的產生，冬天傲雪紅梅、皚皚白雪的產生等等。實際上，這些只是世人的幻覺而已，所有的產生都是不存在的。

也許有人會提出疑問：怎麼可能不生呢？我明明看到世界上的人不斷地生生死死，萬事萬物也是不斷地生生滅滅呀？

其實，這些現象只是名言當中的假立，如果真正觀

心經講記與實修法　附　心經要義辨析

察時，這種「生」不可能實有存在。比如，我們可以通過分析因和果的聚合來抉擇無生。如果因法在前，果法在後，則在果法產生之際因法已滅，故而從因中生果不成立；如果因果同時成立，則有無窮的過失，所以，所謂的產生根本不存在。

既然從來就沒有產生，如同石女的兒子一樣，那麼安住和最後的毀滅也不可能存在。由此可知，諸法最初的行相不存在，因為其行相的來源——諸法的產生不存在，既然產生不存在，則其中間的駐留與最終的毀滅也不可能存在。生、住、滅三者，是從世俗有為法的角度來抉擇的，《俱舍論》中也講過，生、住、滅是有為法的法相。既然某法的生、住、滅都不存在，肯定該有為法也不可能存在。依此也可推出，依有為法而遍計的無為法也同樣不可能存在。

不垢不淨：「垢」指染污，即輪迴。從表面看來，輪迴是存在的，比如：六道輪迴中的各種眾生，以及他們所感受的痛苦、生存的方式、環境等等是存在的，但如果真正詳細觀察，六道輪迴只不過是眾生的迷亂顯現，其本體並不存在。「淨」指涅槃，在未經觀察的情況下，不管是自性清淨涅槃，還是暫時離垢涅槃都是存在的，但真正從其本體，或是從空性的角度來抉擇時，涅槃也是不可能存在的，染污的輪迴及遠離染污的清淨涅槃這兩者都不存在。此處的「不垢不淨」，是從依他

《般若波羅蜜多心經》講記

起（清淨依他起和不清淨依他起）的角度來抉擇的。

從本體的角度來說，因為從無始以來，包括任何物質和精神在內的一切法，從來就沒有存在過，所以，煩惱和罪業也不存在，所以說「不垢」；既然沒有煩惱和罪業，也不會有它們的乾淨，所以說「不淨」。

以前有位法師在講「不垢不淨」時，曾講過一個故事：從前有個鄉下人到了大城市，看見一種搪瓷桶，帶蓋並有彩色圖案，蠻好看的，於是便買了一個回家裝食物用。

有一天，家裏來了一個城裏的客人，他也用這個搪瓷桶盛了滿滿一桶湯端到了桌上，客人一看，便大聲驚呼：「哎呀！你怎麼用便桶盛東西給人吃啊？！」

原來，這種搪瓷桶是城裏人用來作便桶的。大家聽了，心裏一驚，再好的湯也吃不下去了。

其實，便桶和其他飲食器皿有什麼不同呢？無論是材料、圖案和樣式，都相差不大，只是人們習慣於用它作便桶而已。用一個從沒用來裝過糞的新便桶裝食品又有何不行呢？但人們卻無法接受用新便桶裝食物的事實。

一切的一切，都是人心在作怪，人們執著其為便桶，那就不能裝吃的東西，即便是新的，也像是污穢物似的不能和吃的東西聯繫在一起。所以說，本來一切事物是沒有垢淨之分的，生淨土，佛性不會清淨；墮地獄，佛性也不會染污，所謂的垢和淨，都是分別妄心在

作怪，正是我們的分別妄心，才將萬事萬物分別為所謂的垢與淨。

不增不減：從果位的角度來說，是指圓成實不存在；從輪迴的角度而言，是指煩惱增長與功德減少不存在；從涅槃的角度而言，是指功德增上與煩惱、障礙減少不存在。

一般來說，眾生在凡夫位時，心相續中的貪嗔癡等煩惱和障礙會增上，而大悲心、無二慧、菩提心等功德會減少；隨著成佛的逐步臨近，相續中的煩惱障和所知障等等也會逐步減少直至息滅，而不共的佛之如海功德則會越來越增上。

但這只是從現相的角度來講的，如果真正從萬法的實相或是抉擇般若波羅蜜多空性的角度而言，所謂的增和減，只不過是我們自己的分別念而已，實際上並沒有任何的增加和減少。如同大海一天兩次的潮起潮落，既不會使海水增加，也不會令海水減少一樣，眾生成佛之時，功德不會增加，未成佛時，功德也不會減少，所以不增不減。

以前觀世音上師在海外講《心經》時，認為這段話闡釋了基無相、道空性、果無願三解脫門。

所謂基無相，也即一切萬法原本不生不滅、不垢不淨等相狀；所謂道空性，也即一切萬法為空，遠離一切實體；所謂果無願，也即智慧果法不增，煩惱罪業不減。

《大智度論》云:「空故無相,無相則無作無起,是法常住不壞,故無生無滅。」又云:「如無餘涅槃不生不滅,不入不出,不垢不淨,非有非無,非常非無常,常寂滅相,心識觀滅,語言道斷,非法非非法等相,用無所有相故,慧眼觀一切法,亦如是相,是名六波羅蜜等與解脫等。」又如《大般若經》云:「色蘊非染非淨,受想行識蘊,亦非染非淨。如是色蘊非染非淨,是謂般若波羅密多。如是受想行識蘊,亦非染非淨,是謂般若波羅密多。」又云:「一切法非減非增,是謂般若波羅密多。」

佛明確地告訴我們,凡是相對而有的法,包括是非、順逆、得失、美醜、憎愛,都是虛無縹緲、虛妄不實的,我們萬萬不要一味地去追逐、執取,否則只是枉費心機而已。

對於諸法離戲空相的道理,諸佛菩薩已經切身體會到了,所以觀自在菩薩才會意味深長地告訴舍利子。作為我們這些初修般若的人,對諸法皆空的道理必須認真推導,深刻領會,既不要盲目輕信,也不要毫無理由地半信半疑,而要在聽了以後,以自己的聞思修行來切身體會,這才不辜負觀自在菩薩的一番諄諄教誨。

基道果所有的法都可攝入以上七種法中,七法不存在,則一切萬法都不存在。或者說,遍計所執、依他起、圓成實這三種法不存在,如果這三種法不存在,則

輪迴和涅槃所攝的一切萬法也都不存在。

以上抉擇了基般若或自性般若的內容，下面從五個方面闡述「了知道般若」的內容。

戊二、（了知道般若）可分為五：一、抉擇五蘊皆為空性；二、抉擇十二處為空性；三、抉擇十八界為空性；四、抉擇十二緣起為空性；五、抉擇四諦為空性

己一、（抉擇五蘊皆為空性）：

　　　　　　是故空中無色，無受想行識；

是故：通過前文抉擇基般若或自性般若即可得知，作為五蘊的有為法，以及無為法並不存在，與有為法、無為法同體的七種甚深法也不存在。由此可以推出，五蘊、十二處、十八界、十二緣起、四諦總共五個方面都不存在。

空中無色，無受想行識：前文已經抉擇出「色不異空，空不異色」，因此，在「空」中不存在真正具有實相的色法。既然空中沒有色法，則其他四蘊——受、想、行、識也是不存在的。

我們要清楚，此處的「色法」，是指五蘊中的色法，並不是指眼根前所現的色法（十二處裏面的色法和五蘊中的色法二者是有一定差別的，《俱舍論》中對此有詳細論述）。

在《俱舍論》第一品中，專門講到受和想，因為出家人時常會為了宗派而產生各種不好的想法，認為自己

的宗派好而其他宗派不好；在家人又會為了獲得快樂等樂受，而在房屋、財產、名聲等方面爭執不息，為了破除在家人和出家人兩種典型的實執，佛陀在五蘊中專門宣說了想蘊和受蘊。當然，這只是從名言的角度而宣說的，真正從實相的角度進行觀察時，受、想、行、識蘊都是不存在的。

有人可能會想，前文通過「受想行識，亦復如是」，已說明了受想行識是空性，此處又說「空中無色，無受想行識」，也是講五蘊的空性，為什麼五蘊空性會出現兩次呢？我們應該明白，前文是從基般若或自性般若的角度來抉擇五蘊為空；後者則是從道般若的角度來抉擇五蘊空性的。

為什麼要將抉擇五蘊為空放在首位呢？因為五蘊是諸法之首，是由無始以來的堅固妄想凝結而成的，是眾生最易執著、最難破除之處。眾生之所以不能了悟，往往是因「色相」而迷。如果能破除五蘊，其餘諸法也就不在話下了，因此，才將抉擇五蘊為空放在首位。

己二、（抉擇十二處為空性）：

無眼耳鼻舌身意，無色聲香味觸法；

眼、耳、鼻、舌、身、意六根，與色、聲、香、味、觸、法六境，共稱為十二處。「十二處」是產生一切萬法的基礎。

心經講記與實修法　附　心經要義辨析

《俱舍論》中認為，眼根是一種色法，就像解剖學當中所說的，構成眼睛的物質結構一樣；經部與唯識宗認為，眼根是一種像種子一樣的特殊能量。

很多人天天念《心經》，也能把《心經》背得滾瓜爛熟，但絕大多數人仍覺得很矛盾，不明白為什麼沒有眼、耳、鼻、舌、身、意。我明明有一雙眼睛，這是誰也不可抹殺的，憑什麼說它不存在呢？

佛陀是具有卓然之智的導師，他不會犯下如此低級的錯誤——去否認凡夫境界中的現象。雖然這一切在勝義中不存在，但在現實生活中，眼、耳、鼻、舌、身都是客觀存在的事實。

此處我再次重申，我們不能因為眼、耳、鼻、舌等等是空性，就否認一切現象的存在，否則就是違背現實。只是在佛菩薩的境界中，這一切才是無自性、無實體的。為什麼我們不能體會到這些境界呢？就是因為我們還有執著，還沒有證悟空性的緣故。

漢地禪宗有個傳承比較有名的曹洞宗，良價禪師是此宗的開山祖師。

良價禪師很小就出了家，並在一個禪師那裏求道修行，而且每天都要背《心經》。

有一天，良價禪師就問師父：師父，你看我的眼睛、鼻子、耳朵明明都存在，為什麼我每天都要背「無眼耳鼻舌身意」呢？他的師父想了想，沒有回答上，就

《般若波羅蜜多心經》講記

說：唉呀，你這個小和尚很聰明啊！我沒辦法再教你，你到溈山靈佑禪師那裏去吧！隨後就介紹他到了靈佑禪師那裏。

當然，良價禪師是利根者，他跑來跑去最後終於開悟，明白了為什麼「無眼耳鼻舌身意」，獲得了很高的境界。

然而，對從來沒學過「中觀」的人講「無眼耳鼻舌身意」，卻很難讓他們明白。

現在很多從來沒有學習過佛法，或只學過一些小乘法門，卻對大乘佛法接觸不深的人也是如此，始終覺得「無眼耳鼻舌身意」這個說法荒唐無比。尤其到了泰國等南傳佛教盛行的國家，那裏的法師經常會就《心經》提出疑問：為什麼不存在眼耳鼻舌身意？為什麼沒有色聲香味觸法？否定這些明明存在的東西，究竟有什麼密意？雖然他們也明白一些其中的原由，但如果一下子說這些法全部不存在，他們好像還是有些接受不了。

唐代一位大法師在一次講述《金剛經》中「無我相，無人相，無壽者相……」時，下面有個居士就站起來質問：大法師，你說無我相，無人相，那我不是人嗎，你不是人嗎？如果說者不存在，聽者也不存在，那我們現在聽你講經到底是怎麼一回事啊？

但對學過中觀的道友們來講，這就不成其為問題了。因為他們都明白，在名言中，眼根、耳根、鼻根等

心經講記與實修法　附　心經要義辨析

確實是存在的。以前我們學物理的光學部分與生理衛生時，就學過眼睛的構成包括角膜、晶狀體、睫狀體、鞏膜、視網膜等等，而且在《俱舍論》等佛教論著中，也對眼根的構造有詳盡的闡述。雖然這些在名言中存在，但真正對這些進行觀察時，它們卻根本不存在。

如果用中觀的離一多因來推斷，就可得出無分微塵不存在的結論，既然無分微塵不存在，則由無分微塵所組成的粗大之法——眼根的本體也肯定不可能存在；如果眼根不存在，則其他根也可以此類推。如果要真正通達《心經》的道理，教證方面就需要閱讀「廣般若」和「中般若」等般若經典；理證的推理方面，就需要通達《中觀根本慧論》，此論將一切萬法（不管是清淨還是不清淨）皆不存在，其本體如同夢中的現象一樣的道理闡述得非常清楚。關於這方面的道理，佛教有著非常豐富的教理。

名言中的十二處（色有十二顯色與八種形色共二十種；聲有八種；香有妙香、惡香、平等香、不平等香四種；味有甜、酸、辣、鹹、澀、苦六種；觸有四大因觸法與七大果觸法，如寒冷、饑餓等等）是存在的，但真正從勝義的角度或是從它的本性上進行觀察時，這些法都不可能存在，比如耳邊聽到的聲音，不管美妙還是不美妙，如果真正進行觀察，根本得不到一個實有的好聽的聲音，也得不到一個實有的不好聽的聲音，否則，對同一個聲音，就不會有人覺得好聽，而有些人覺得不好聽了。

雖然五蘊在勝義中不存在，但我們卻不能忽略五蘊在名言諦當中的作用。世間辦任何事，成就任何事業，都離不開五蘊，我們的修行也離不開五蘊，五蘊是成佛的工具和資糧，在修行過程中，時時處處都在利用五蘊。如果離開五蘊，就無法修學佛法。

大家都知道，修行首先要通過閱讀經書、聽經聞法等手段來了解佛教。我們所看經書的文字，講經說法的聲音，都是色相，這是色蘊；看經、聽經後，產生欣悅之情，這是受蘊；經過大腦的思考、分析、研究，明白了佛教的教義教理——什麼是空性？什麼是緣起？我們為什麼要修行？怎樣修行？這是想蘊；之後付諸實踐，這就是聞、思、修當中的修行，這是行蘊。經過修行、修證，打開了智慧，最後轉識成智，又觸及了識蘊，所以，修行非但離不開五蘊，而且還要利用五蘊起作用。

己三、（抉擇十八界為空性）：

無眼界，乃至無意識界。

按照彌勒五論《辨中邊論》的解釋：「界」是種子或因的意思。「十八界」指六根（眼、耳、鼻、舌、身、意根）、六境或六塵（色、聲、香、味、觸、法）與六識（眼、耳、鼻、舌、身、意識），十八界歸攝了世間之器情萬法。

六根具有能取種子義，也就是具備能夠取相應所境的功能，比如：以眼根能取相應的色法所境——外境所

具有的各種顏色與形狀的色法，但眼根不能取聲音，而耳根就可取聲音，所以各根只能取其相對應的所境；六境具有所取種子義，因為六境是六根與六識所取的對象，所以叫所取種子；六識具有彼（彼彼所境，即色聲香味觸法的種種境界）取（了別而取）種子義，因為六識對於六種境具有了別而取的功能，即以六種明了識，能如實了別色等所境的相或功能，所以具有彼取種子義。

通過了知十二處不存在，也即，因了知六種根不存在，則依靠六根而體現的作為所緣緣之外境——六境也不存在；如果外境不存在，根也不存在的話，則依靠根和境而產生的六種識也不可能存在。

在以般若抉擇空性的時候，所謂的十八界在眾生面前仍然會有一種迷亂顯現，但在這個迷亂顯現出現的同時，它的本體實際上就是空性。除了這個顯現以外，要從別的地方找出一個空性，是不合理的；而除了空性以外，要從別的地方找出一個顯現，也是不合理的，這個顯現和空性，就是我們所謂的顯空雙運。顯空雙運的意思就是：顯即是空，空即是顯；或者說「色即是空，空即是色」。

抉擇每一個法，其道理都如以上所述：在空性當中，五蘊不存在，十二處不存在，十八界也不存在。

但如果將這種不存在單單抉擇為一個單空，也是不行的。曾經看到一位法師在講他自己修行的最高境界時

這樣說道：一切萬法在勝義中是如夢如幻，世俗中一切都存在。當然，如果是這種境界，也即按照中觀自續派的單空進行抉擇，從暫時的角度來說，也基本上可以，對實執特別嚴重的眾生而言，應該是有幫助的，但這種觀點並不是中觀最究竟的觀點。

　　僅僅將十八界抉擇為不存在，這並不是《心經》的觀點，因為這個觀點只是暫時性的，是針對實執比較頑固的眾生而言的。實際上，顯現和空性本來就無離無合，就像在夢中，雖然確實有顯現，但夢中所謂的外境或顯現就是空性，因為一旦醒來就會發現，夢中所有的一切沒有一個是實有的法。

　　永嘉大師曾說：夢裏明明有六趣，覺後空空無大千。在做夢的時候，確實好像一切萬法都是存在的，但實際上，這樣的顯現並不存在，夢的本體本來就是空性；同樣的道理，三界輪迴的眾生，正是在空性當中顯現的，一旦真正覺醒，或是真正證悟了顯現本體的時候，原來所謂的三界輪迴的顯現根本就不可能存在。

　　對一些瑜伽士或真正有修證的大師和高僧大德而言，不管白天也好，晚上做夢也好，凡於一切時中顯現的，都可認知並抉擇為空性，他們恒時處於這種境界中，但對一般眾生而言，則如同《定解寶燈論》中所講：好像如果是現，就空不了；如果是空，就現不了，現空之間總是有一種矛盾。當然，如果我們進一步去修行，到了一定

的時候，這種現空雙運的境界也可以現前。

在講蓮花生大師《六中陰解脫》的時候，上師如意寶也講到他老人家自己的一些境界：他能非常清楚地觀照夢境的顯現——整個夢中器世界的種種顯現明明清清，同時他也完全知道自己當時是在睡夢當中。這種境界在大圓滿很多上師的竅訣裏面都講過（尤其是講《六中陰解脫》的時候），在蓮花生大師及其之後的很多密宗瑜伽士的故事或是傳記中可以看到，非常多的高僧大德們都能處於這種境界。

漢地禪宗也有一邊做夢，一邊了知一切外境的公案。

一次，四祖道信禪師跟法融禪師住在一起，道信禪師晚上是躺著睡覺的，而法融禪師一般不睡覺，一直坐禪。到了晚上，法融禪師坐在一個石頭凳子上，而道信禪師就睡著了，並開始打呼嚕，一晚上都讓法融禪師無法安心。

第二天早上，法融禪師就對道信禪師說：你晚上睡得太沈了，一直打呼嚕，讓我一點不安心，坐禪都非常困難。道信禪師就說：我沒有睡著啊！我晚上一直都是非常清明的。法融禪師不信，說：你一晚上都在大聲打呼嚕，哪裏會有這樣的現象？道信禪師說：沒錯啊！當時你身上有兩只跳蚤打架，結果一只跳蚤失敗了，摔到地上斷了一條腿，一晚上都在叫，我一直聽著它的聲音，怎麽睡得著覺呢？法融禪師還是不相信，就去找是

《般若波羅蜜多心經》講記

不是有摔斷一條腿的跳蚤，結果真的找到了。

對於初學者來說，顯現和空性總是有點矛盾，睡覺和了知外境更是矛盾，但一些大圓滿的中陰竅訣中卻說：雖然外表看起來是在睡眠，但在睡眠過程中，完全能了知外面的環境。兩個禪師的公案，就與中陰的很多教言非常相似。

此處我們將從眼界乃至意識界的十八界都抉擇為空性，但這只是一種單空的境界，從究竟而言也是不合理的。要了知，沒有眼界，沒有意識界，所有十八界不存在的空性就是顯現，但這種顯現並不是我們凡夫所認為的顯現。凡夫人以分別念而得出結論，是顯現就沒有辦法空，既是顯現又是空性，是非常矛盾的。針對這種根器的眾生，暫時只能用表示的方式，或是其他的方式遮止這種妄念，除此之外沒辦法讓他們了知空性，因為那是聖者超離言思的境界。空中有顯現，顯中有空性，這才是《心經》所抉擇的境界。

依眼根而能了別色塵的是眼識，依耳根而能了別聲塵者是耳識……依身根了別觸塵的是身識，依意根而能了別法塵的是意識。眼識到身識是前五識，意識是第六識。

眼睛本身不能看色法，必須借助於屬於精神的眼識，因為我們都知道，屍陀林裏面的屍體雖然也有眼根，卻不能看到色法。眼根見色，內有鏡頭，外有要照見的對象。人是活物，具有識的作用，不是簡單的照相

機，這是眼識的功能。

現在有些具有特異功能的人，耳朵可以認字（能看），眼睛能聽聲音，就是這個原因。古希臘哲學家德莫克利特，也在晚年時弄瞎了自己的眼睛，別人問他原因，他平靜地回答說：「為了看得更清楚！」所以說，雖然有各有各樣的界，但實質上是百川分流、總歸一脈。倘若能了知「有就是無」之意，則法法皆是真空實相。無界則無縛，無縛則頓超十八界。

凡夫無論如何也不承認、不接受這一點。因凡夫皆執色身為我，所以有眼、耳等六根之見聞覺知，有相應的色、聲等六塵，根塵相對，即有眼識、耳識等六識。於是，迷真執妄，被十八界纏縛困惑。眼見明暗美醜，耳聞動靜高低，鼻，嗅香臭通塞，舌嘗酸甜苦辣，身觸冷暖滑澀，意分愛憎取捨。為十八界日以繼夜、費盡心機，一生都在為空花水月般的外境操持，至死無有停息。不但白天不得安寧自在，哪怕在睡夢中，也常為虛名幻利而驚心動魄、煩惱不休。

在博取這些財、色、名、食、睡的過程中要不造業，是絕對不可能的。愛財好色的人，為了搶奪財色，往往不擇手段，任何傷天害理的事情都做得出來。然而，一旦呼吸停止，平日念念不忘、戀戀不捨的任何事物，一樣也帶不走。到頭來，只落得兩手空空、孑然而歸，但有一樣卻是甩不掉的，就是平時所造的善業或惡

《般若波羅蜜多心經》講記

業，業與我們形影不離，想丟也丟不掉，這豈不是勞碌一生而空得一場噩夢嗎？

修學的時候，不能向外執著外境，而要時時關照自己的心。在通達五蘊、十二處、十八界皆為空性的道理以後，所有的執著都可迎刃而解，所以，我們應當學以致用，如果學而不行，等於沒有學。

已四、（抉擇十二緣起為空性）：

無無明，亦無無明盡，

乃至無老死，亦無老死盡。

所謂的十二緣起，就是從無明、行、識、名色、六處、觸、受、愛、取、有、生到老死之間的十二支。名言中這十二緣起應該存在，而在勝義中，所謂的十二緣起是不存在的。既然不存在，那十二緣起不存在的空性有沒有呢？所謂不存在的空性，也是沒有的，此段要說明的，就是這個意思。

如果沒有無明，那麼反過來，沒有無明的單空或是沒有無明的滅盡存不存在呢？這也不存在，如經云「亦無無明盡」。

一般來講，十二緣起有兩種說法：一種是順行的十二緣起，一種是逆行的十二緣起，也就是通常所說的緣起流轉或緣起還滅。

修持的時候，從無無明一直到無老死，這是順行的

十二緣起，也就是無無明、無行、無識⋯一直到無生、無老死，這是一個過程；然後反過來，無明沒有的話，無明的滅盡存不存在呢？不存在。然後又開始從無明的滅盡不存在，行的滅盡不存在，識的滅盡不存在等等一直到老死的滅盡都不存在，如此進行修持。經中是從這兩個方面來宣說十二緣起不存在的。（十二緣起不存在的道理，在《中論》第二十六品裏面講得比較細致。）

下面簡單介紹一下十二緣起：

龍猛菩薩、月稱菩薩等很多大德都說：所謂的無明，指的就是薩迦耶見，也就是我和我所執；但還有一些大德說：不用分我和我所執，對事物的真相沒有如實了知的迷惑心態，就稱為無明。因為有了這樣的迷惑心態，所謂的行，也即業就開始存在。行為什麼存在呢？因為有了迷惑，就不知道取捨，然後開始造各種業，或是惡業，或是善業，或是無記的業；造了業以後，以業力的牽引，識就開始出現了。

識如何產生呢？從胎生的角度來講，因惡業感召而死後，漂泊在中陰界的中陰身就開始入胎，所謂的識，就在此時產生。詳細而言，如果造了惡業，死後就會成為中陰身而漂泊在中陰界。在中陰期間，中陰身會看到很多不同的情境，比如很多的人群，看到一些美女，看到一些自己所貪愛的對境等等，世間有些能回憶前世的人也提到過，自己在中陰的時候，遇到了老虎、美女等

等，但這個時候不能生貪心，如果貪念一起，就會墮入惡趣。密法的中陰竅訣認為，應該將所看見的對境觀為自己的上師，或是上師佛父佛母。

我曾聽過一個禪師投生為小豬的公案：這個禪師到了中陰的時候，看見一個特別胖的白色美女，就跑過去擁抱，結果聽到有人說：我們家母豬已經生了好多好多的小豬啊！禪師一看自己，發現竟然變成了一頭小豬，就馬上撞在牆壁上把自己撞死了，神識才脫離了豬身。

所以，在中陰身的時候，會有各種各樣迷亂顛倒的顯現，如果原來是人，那個時候也會把來世投生處的母豬看成是美女。因此，識就是在中陰身入胎時產生的。

從入胎的第二剎那開始，受精卵逐漸演變形成胎兒的初期，只有胎形，而未形成真正的身體，就稱為「色」；住胎初期的受、想、行、識，就叫做「名」；

之後，六根開始顯現，這叫六處；

六根、六處、六境全部出現的階段，就是十二緣起中的第五個——觸。比如，嬰兒剛剛出胎的時候，依靠自己的六根、六境，會有一種觸感——剛接觸外境時，會有很多不適應的現象——外面的陽光很強烈；或者是抱他到毛毯上時，他感覺自己就像掉在荊棘叢中一樣等等，這就是一種觸；

然後，小孩產生一些苦和樂的感覺，以及不苦不樂的感覺，這叫受；

心經講記與實修法　附　心經要義辨析

對苦的感覺，小孩不願意接受，對樂的感覺又欣然接受，這就是愛；

有了這樣的愛以後，就開始造業，這就是取；

由於造業，就會產生未來的輪迴，這就是有；

因有輪迴而出生，這就是生；

生之後，就是老和死。

十二緣起揭示了眾生在六道輪迴中生而死、死而生，無始無終地生滅流轉、輪迴不息的根本原因。以生命而言，包含了過去、現在、未來三世：由過去的「無明、行」，產生現在的「識、名色、六入、觸、受」五果；由現在的「愛、取、有」三因，產生未來的「生、老死」二果。由過去造作的因，形成現在所受的果；由現在造作的因，又形成未來的果。所有的果報，都是自作自受。

十二緣起支又可歸納為惑、業、苦三道：無明、愛、取為三惑道；行、有兩支屬二業道；識、名色、六入、觸、受、生、老死是七苦道。由惑而造業，有業則感果。於受苦期間又生惑，生惑而造業，造業又受苦，如此周而復始、永無窮盡。如果不修行，則永遠在這錯綜復雜、無始無終的惑、業、苦的生命之流中輪轉不息、不得解脫。

十二緣起的道理告訴我們，生死輪轉的最主要由來就是無明。順觀十二因緣，就能通達一切眾生依此十二

《般若波羅蜜多心經》講記

120

因緣而在六道中輪轉不息的原因，但如果只知道流轉的原因，而不通曉解脫的方法，還是沒有用處，所以必須逆觀十二緣起支，也即緣起還滅。緣覺阿羅漢就是通過逆觀十二因緣，從而明白生死之根源，之後發心修道終證緣覺果位的。

雖然十二緣起在名言中存在，誰也否認不了；但在勝義中觀察時，則都不存在。

所謂的無明，就是對萬法真相沒有了解的一種能取。從它的本體、因緣、去處等方面進行觀察的時候，就根本不可能存在。

十二緣起也是幻化所顯，性空本無。無明當體是空，非為真有。既然是空，又怎麼滅呢？何須將其滅盡呢？無明無可滅，沒有一個實實在在的無明等我們去滅，所以「無無明，亦無無明盡」。「乃至」兩個字省略了中間的十緣起支。最後說「無老死、亦無老死盡」，諸法本空，根本沒有老死。既然沒有老死，又有什麼「盡」可言呢？這樣就破除了十二緣起支的流轉和還滅。

一些竅訣書中這樣講：就像用明燈來遣除黑暗，但黑暗實際上是無來無去的。黑暗的本體本來就不存在，如果它的本體存在，就沒辦法去除。同理，無明的本體也實際上是不生不滅的（當然，如何通達無明的本體不存在，各教各派都有不同的竅訣）。

心經講記與實修法　附　心經要義辨析

為什麼要講《心經》呢？最主要的原因，就是要破我執。如果真正能破除我執，那麼，輪迴的根本——無明就被破除了；如果無明被破除，也就破除了十二緣起支的來源；來源如果不存在，則輪迴之門就被封上了。正因為名言中有各種迷亂顯現，所以，破我執是非常重要的。

禪宗中曾流傳過一個破竈墮和尚的公案：有一個中陰身（也有人說是一個魔鬼），一心想害眾生。有一次，他在路上看見一個倒塌的竈，就把自己的神識融入其中變成了這個破竈（如同孤獨地獄的眾生一樣依附在外境的無情物上）。當人們用一些血、肉等不清淨的血腥物來供養它時，它就隨順人們，盡量幫助這些人，結果，整個村子的人都將這個竈神奉若神靈，很多人整天對這個破竈作血肉供養。

後來，慧安國師的弟子路過這裏時，用神通發現了它，他一方面覺得這個竈神讓人們對它行血肉供養非常不好，另一方面也覺得這個竈神非常可憐，就用禪杖在竈上敲了三遍，以提醒竈神。誰知敲三遍以後，卻沒有起到作用，他就以空性見解對它進行制止（就像密法中所講的降伏）說：你不應該把這個竈執著為是自己，因為這個竈是由各種泥土、小石子等組成的，你不應該這樣。之後，禪師就安住在空性見解中又敲了三遍破竈，三遍之後，竈轟然倒塌。從此以後，這個地方再沒有這樣的竈

《般若波羅蜜多心經》講記

神了。

後來，在禪師面前出現一個天人，畢恭畢敬地對禪師說：因為業力非常深重，我原來把那個竈執著為是自己，結果害了無數眾生，後來通過您的加持和法力，使我獲得了善趣的身體，轉生到天界中去，不用再受痛苦了，所以非常感謝您！

這個公案說明，無明的來源，實際上就是薩迦耶見——我和我所執，如果沒有通達《心經》這樣的般若法門，或者是沒有通達中觀法門，這個「我」和「我所執」是永遠也破不了的。雖然我們不像鬼神一樣將外面的竈執著為「我」，但我們會將自己這個五蘊的聚合物，也即五蘊的這個「竈」執著為「我」，根本上也沒有很大的差別。我們應該隨時觀察自己的分別念，觀察「我」到底是什麼樣的，究竟有沒有一個「我」或者「我所」，以此來破除無明，這是很重要的。

天臺宗也有「破一分無明，增一分法身」的教言，我覺得這個教言很殊勝，但海外有些法師在講《六祖壇經》的時候，就不太承認，說：天臺宗說「破一分無明，增一分法身」，哪裏有什麼無明紛紛被破掉，然後法身紛紛地顯現啊？無明破完就破完了，什麼都沒有了，哪裏有什麼法身的增長？

我覺得這個說法不一定對。不管任何一個法，如果你真的想要理解清楚，對方的宗派你必須要了解，如果

只知道對方宗派中的一、兩段話，或其中的一、兩句言詞，這可能不足以真正了解對方宗派的觀點。

所謂「破一分無明，增一分法身」，並不是說無明有很多很多，全部排著隊，然後破除一個無明，或是打死一個無明，馬上就變成一個法身。無論眾生相續中有多少個我執，多少個分別念，全部都是一種無明的體現。在自己起心動念的時候，如果每一次都能認識到這是無明在作怪，並能認識到它的本體的話，相續中的智慧就會增長，所以就「增一分法身」。

以前上師如意寶經常在課堂上引用一個阿底峽尊者的言教：「如果一天出現一百個分別念，也就是出現了一百個法身智慧。」這段話的意思也是這樣。

在天臺宗智者大師所傳下來的竅訣中，有很多甚深的見解，現在有些不明就裏的人隨隨便便去破斥，是不明智的輕率之舉。如果能破的教理真正存在，這些竅訣也有誤人之嫌，當然也可以破。不過我認為，在佛教內部，如果沒有必要，就不必特意地去推翻一些很清淨的宗派。比如，如果藏傳佛教的薩迦派和格魯派天天爭論，對一些真正明白教理的人來說，倒不會因此而起貪心或嗔心，但初學者或不明事理的人，就可能會被引入邪道。所以，破除無明是非常重要的。

如果無明被破除，則觀待無明而產生的無明的滅盡也就被破除了，就像「我」如果不存在，則「無我」也

《般若波羅蜜多心經》講記

不會存在，因為「無我」是依靠「我」而產生的一樣；
依此類推，無明的滅盡不存在，則最後直至「老死」和
「老死」的滅盡也不存在。這樣一來，所謂十二緣起的
流轉與還滅全部處於法性空性中，都是不存在的。

己五、（抉擇四諦為空性）：

　　　　　　無苦集滅道。

　　苦集滅道，也即苦諦、集諦、滅諦、道諦四諦，也
叫四聖諦。「諦」的意思，是指真實無虛。

　　名言中的苦集滅道，大家應該清楚，釋迦牟尼佛在
一轉法輪中，主要就是宣說四諦法門。首先我們知道，
三界輪迴都是痛苦的，這叫了知苦諦；這個痛苦的來源
是什麼呢？就是集諦，也就是業和煩惱。苦諦和集諦，
是輪迴的因和果，苦諦是輪迴的果，集諦是輪迴的因。
後面的滅諦和道諦，又包括在涅槃中，滅諦是涅槃的
果，道諦是涅槃的因。

　　為什麼苦諦是輪迴的果呢？因為所有的眾生都處於
痛苦中，苦苦、變苦和行苦無時無刻不在摧殘著眾生。
所謂苦苦，是指身心受到猛厲煎熬，眾苦交聚、苦上加
苦、雪上加霜、痛不欲生的痛苦。比如地獄、餓鬼、旁
生三惡道所受的苦；變苦是失去快樂後所感受到的，樂
極生悲、喜筵終散、官場失意、家庭失和等痛苦。比
如，欲界天人雖然比人間快樂得多，但這種幸福終有盡

心經講記與實修法　附　心經要義辨析

期，誰都免不了死墮之苦，這就是變苦；行苦是指諸行無常、遷流不息，沒有前面的幸福，就沒有後面的痛苦的無常之苦。

欲界眾生三苦俱全，色界有變、行二苦，無色界一般只有行苦。

按照另一種說法：苦苦是人道、阿修羅道、地獄道、餓鬼道、旁生道所受之苦；變苦是欲界六天及色界天人所受之苦；行苦是無色界天人所受之苦。

欲界眾生有欲界的痛苦，色界眾生有色界的痛苦，無色界眾生有無色界的痛苦。苦苦、變苦、行苦這三大苦逼迫著眾生。上師如意寶經常引用的一個五世達賴的祈禱文中，也有「三界橫遭三苦迫」的句子。

不要說其他五道的痛苦，單單是人類的痛苦，也是令人觸目驚心的。自有人類以來，戰爭、瘟疫、饑饉就不曾間斷，一場天災，一次戰爭，可以奪去無數的生命。只要流落於輪迴，就免不了各種苦難的侵害。

這些痛苦的來源是什麼呢？是因為我們相續中有無明與煩惱，所以在前世造了各種各樣的業，業與煩惱，就是痛苦的根源。

苦諦的來源，就是集諦——業與煩惱。要斷除集諦，必須依靠智慧。按照小乘的觀點，輪迴的痛苦最後肯定可以滅除，痛苦的滅除，就叫滅諦。但滅諦不可能無緣無故而來，必須依靠修道，所以，滅諦的因，也就

是道諦。

斷除煩惱的方法多種多樣，淨土宗以一心念佛的方式來修持道諦；密宗依靠上師的竅訣來認識心的本來面目，從而斷除一切煩惱；禪宗有一種方法，是參話頭，比如上師問弟子：「念佛的是誰啊」等等，以這樣的方式來觀修、安住，這就是所謂的頓悟法門。雖然大乘有大乘的竅訣，小乘有小乘的竅訣，但不管什麼樣的竅訣，都有它不同的殊勝之處，都是度化某種根基眾生的方便，殊途同歸，所有的目的，就是要斷除三界輪迴中的痛苦，最後現前滅諦。

然而，所有這些，都只是名言中的顯現。在我們的現相、名相中，應該有這樣的取捨；在勝義中對道諦、苦諦等等的本體進行一一觀察時，就根本不可能找到。

比如，苦與樂就沒有一個統一的標準。何謂苦，何謂樂呢？這些都是因每個人的身心感受而產生的妄想。如果符合自己的習氣，滿足了自己的欲望，就認為是快樂；如果不符合自己的習氣，沒有滿足自己的欲望，則被認為是苦，所以，苦與樂並不是一個真實的東西。

在《中論》的第二十四品中，將四諦抉擇得特別廣。在座的很多道友都聽過《俱舍論》，也聽過《中論》，所以講起來一點也不困難，一看表情就知道：講名言諦時，大家都進入了《俱舍論》的世界，知道名言中自己的眼耳鼻舌身意等都是存在的；而一講空性時，

大家又全部進入了《中論》的境界，都處於離一切戲論的境界中，好像真的已經融入龍猛菩薩的懷抱裏了。

但如果在從來沒有聽過《中論》、《俱舍論》的人前講十二緣起等等，大家都會很茫然。現在很多法師在以通俗的語言來弘佛利生，這當然很重要，但佛法本來就有很多專用名詞。每個專用名詞，有它甚深的意義，再怎樣通俗化，也很難讓聽者明白其內在的真實含義。比如十二緣起中的無明，如果用通俗的話來說，就是指特別愚笨，但這也並沒有表達出無明的本義。

在學院講經說法，有時候真的還是有一種快樂的感覺。如果自己講，基本上百分之八十的人能隨著自己講法的思路而運作。否則，如果你在法座上滔滔不絕地講，下面的人卻一點都聽不進去，則哪怕只講十分鐘，也會覺得特別累。尤其是在從來沒有聞思過佛法的人面前講《心經》，就最麻煩，因為他們根本不知道什麼叫苦集滅道，你們以後弘揚《心經》時，可能這種感受會很深。《心經》應該是在有一定佛法基礎人，比如佛學院的出家人和知識分子面前講，他們可能還是有一些聽聞的興趣，否則的話，講者聽者恐怕都有些困難。

無苦集滅道的道理，我們在此不作廣說，大家應該回憶一下《中論》的破析方法。當然，四諦在名言中應該是存在的，如果在名言中不存在，那我們現在所謂的修行也沒辦法修，修了也沒什麼意義，但勝義中這些法

《般若波羅蜜多心經》講記

是不存在的，這就是抉擇實相的真理。

學習《心經》以後，大家應該破除實有的相執，這是很重要的，因為不管講《金剛經》、《心經》還是《中論》，全部的經論之義歸納起來，就是要破除實有之相。

在《心經》講完之後，我會給大家講一個簡單的《心經》修法。以前歷代的高僧大德，尤其是藏傳佛教中的一些高僧大德都有修習《心經》的傳統。我們一方面從理論上進行研究、探討，另一方面也要品嘗感悟《心經》的真義。

現在世間很多大學的教授、博士們，都說要研究《心經》，要背誦《心經》，當然這很好，但僅僅能背《心經》，並沒有什麼了不起，在我們學院，五部大論全部會背誦的人比比皆是，沒什麼可驕傲的！現在很多人稍微學一點佛法，就自以為是，到處宣揚自己的功德。其實，如果只是字面上背誦了，卻沒有深入地聞思剖析，就不可能真正明白佛法的奧義。

一位法師在講《六祖壇經》裏面的「無取捨」時，就自誤誤人地對弟子說：唉！《六祖壇經》啊！講得非常妙，講得非常棒！為什麼呢？祖師說「無取捨」，「無取」就是讓我們不要執著一切善法的意思；「無捨」呢，就是害怕我們墮入執著，然後不要捨棄善法。

其實，按照《中觀》的解釋方法，「無取捨」應該

心經講記與實修法　附　心經要義辨析

是指在勝義中無取無捨，什麼都沒有，包括修道也不存在、佛也不存在、輪迴也不存在，乃至涅槃之間的萬法都不存在，就像《中論》中所講的一樣，在勝義中，根本不用害怕什麼因果不空，取捨不空等等；而在名言中，在世俗如夢如幻的迷亂顯現中，是有取有捨的，所取的善法有，所捨的惡業也有，什麼都存在。密宗的理解就是這樣的。（也許他們的解釋有一定的密意，我這樣說可能也有很大的過失，因為佛教是圓融的，有很多種解釋方法，像我這樣的凡夫不一定能夠測度。）

有些人因暫時不能理解我們的解釋方式，就說密宗如何如何不對，有時候雖然感覺上有一點不舒服，不過也不要緊，因為所有的佛法都是行持善法，大的方面大家還是一致的。自古以來，宗派與宗派之間的正常辯論一直存在，但互相詆毀並不合理，對不同的觀點可以互相遮破，然後互相參考、取長補短，最後求大同、存小異，以求佛法的長盛不衰，這是有必要的。

佛說的四諦法門和十二緣起法都是同樣的目的——為了告知三界六道一切有情生死諸苦的來源，以及了脫諸苦的方法。為了度化不同根基的有緣眾生，佛陀以不同的法門表達同一義理，實乃佛陀大慈大悲之體現！

在一些大德的科判中，將「廣說般若之本體」分成五蘊、十二處、十八界、十二緣起、四諦、處與非處共六個方面。前五個方面，我們在「了知基般若」中已經

宣講結束。這裏，我想將科判稍微改一下可能要好一些，因為前文我們已講了基般若和道般若，第六個「處與非處」這一科判可以放在「了知果般若」中。

如同印度的很多高僧大德一樣，漢傳佛教的祖師們也對科判分析的方式不是很重視，但從多年聞思辯論的經驗來看，藏傳佛教科判分析的這種方式還是很重要的。無論講經還是講論，如果能分科判，經義的整個重點內容就會一目了然，然後圍繞科判這個主幹進行解釋也相當方便，所以我認為，分科判是相當有必要的。

按照我的分析方法，我們開始宣講「了知果般若」。

戊三、（了知果般若）：

無智亦無得。

智慧可分為法身智慧、報身智慧、化身智慧；或者法界性智、大圓鏡智、平等性智、妙觀察智、成所作智；或者盡所有智、如所有智；或者是佛陀的智慧、菩薩的智慧、阿羅漢的智慧，甚至還有凡夫的各種智慧；或者還有六度的智慧，如布施度的智慧、持戒度的智慧等等。

在名言中，所有的智慧和得法都存在，但從最究竟的般若空性角度分析時，這些智慧也只不過是如幻如夢的一種顯現而已，實際上根本不可能存在。

此處的「得」，指獲得的功德或菩提，名言中可以

心經講記與實修法 附 心經要義辨析

說獲得聲聞、緣覺、菩薩的果位，或者說獲得佛陀的果位，這些得法都是有的，所得的法存在，能得的補特伽羅也是存在的，果位的功德也全部俱足。

但這些由修行所得到的成就，也只是在未經觀察的情況下成立的，真正以般若空性不可言說的境界，或一切萬法的實相來衡量時，所得的一切果位都是沒有的。在這種境界前，我們可以這樣說：所謂的佛果沒有，佛的智慧也沒有。如《大般若經》所云：「佛言：如是般若波羅密多，以虛空為相，以無著為相，以無相為相。何以故？般若波羅密多甚深相中，諸法諸相皆不可得，無所有故。」

在《七寶藏論》中，無垢光尊者也引用了相當多的密宗續部方面的教證，來證明誓言、佛果、智慧等等都不存在的道理。在貝若札那尊者的《心經》註釋中也有這種解釋：因為自己的本體本來就是佛，所以眾生重新獲得的智慧是沒有的，也即：因為自己本體就是佛，本來就已經具足智慧，所以不需要重新獲得現在不具足的智慧，所以沒有重新獲得的佛果。

因為《心經》是按照佛陀第二轉法輪的教義來解釋的，因此，從表面看來，好像整個《心經》都是以抉擇空性為主。按照覺囊派他空的觀點來解釋時，雖然表面上他們將《心經》經義都解釋為空，但實際上他們也一直在解釋如來藏的本體光明不空的道理；而按照密宗的

《般若波羅蜜多心經》講記

解釋，應該是自空和他空不分，這兩種觀點是圓融一味的，以密宗的這種方式來解釋，就比較容易理解。

以上所剖析的，是所獲得的智慧和佛果，也即果般若。在空性中，所謂的智慧和果位都是沒有的。

在有些藏文《心經》「無智亦無得」的後面，加上了「亦無不得」，即「得」和「不得」這兩者都沒有的內容。

很多註釋中對「亦無不得」的解釋是：因為沒有得，所以與得相觀待的「不得」也不可能存在；還有一種解釋是，並不是沒有所得，還是有得法的，但這是指名言中的得法。

這句話說明，不僅在名言中有所獲得的功德，包括前文道般若中所講的五蘊、十二處、十八界、十二緣起、四諦等所有的法都存在。這是從「亦無不得」中引申出來的含義。

但只是在有些藏文中有這句話及其註釋，在漢文版的般若《心經》中，除了法成譯師所譯的《心經》版本以外，其他的漢文版中都沒有這句話和註釋。這可能是因為印度梵文的原版藍本不同，也可能還有其他的原因，具體為什麼就不得而知了。

至此，「廣說般若之本體」科判中的抉擇基、道、果般若的內容就全部圓滿了。

丁三、（證悟空性之功德）：

心經講記與實修法　附　心經要義辨析

以無所得故,

這句話一方面是指上文所講的智慧、佛果這些功德的所得;另一方面也可以說,在般若波羅蜜多空性的境界中觀察時,前文所講的有為法、無為法、五蘊、十二處等等都沒有任何所得,我們在學習中觀或讀誦《般若經》時可以看出:菩薩真正到達一定境界時,在他的境界中,有、無、有無二俱、非有非無這四邊都是不存在的,在菩薩的境界中,不可能真正獲得一種實有的法相。

菩提薩埵,

菩提薩埵也即菩薩,「菩薩」二字也可說是因尊重而不譯的範圍。在藏文中,菩薩的讀音為「向卻森華」。「菩提」指「覺」,「薩埵」指「勇識」,即勇敢的心。菩提薩埵合起來,指「具有覺悟的很勇敢的眾生」。

為什麼這樣說呢?因為菩薩要在無量劫中,依靠行持六種波羅蜜多來度化無量眾生,不懼怕輪迴世間的種種苦難,這只有大智大勇的人才能做得到,一般膽小如鼠的人是根本做不到的。

出家人也可以說是菩薩,如果沒有覺悟就不可能想出家,想出家卻不勇敢也不可能出家。現在很多居士都一直說:我很想出家,在家裏很煩,在社會上很煩,卻

一直猶豫不定而不敢出家。雖然他們有一點點覺悟，卻不敢付諸真正的行動，認為沒有頭髮是非常可怕的事。

從佛教的功德來講，哪怕只是出家一天，其功德也是不可思議的。社會上一些非常有錢、自以為了不起的老闆在和我交談時，我經常告訴他們說：你們可能是很多人羨慕崇拜的對象，可能有很多很多的資產，但如果從人生價值上來看，和一個生活條件特別貧困的出家人相比，可能這個出家人的人生價值要比你們昂貴很多。

但很多出家人卻沒有意識到這一點，反而妄自菲薄、自暴自棄，認為「我現在出家了，只能是這樣了，不會有什麼前途了」，真正有覺悟的出家人，將世間的所有事情全部放棄，內心絲毫不在乎世間的功名利祿、榮華富貴，時常鼓勵自己：天塌下來我也不怕，不管怎樣，反正我走我的路，度化眾生才是我的本分。

如果有這種覺悟，則外面的任何違緣都無法動搖我們的道心。

依般若波羅蜜多故，

因為在般若空性中一切法都沒有所得，所以，諸大菩薩依靠般若波羅蜜多，以前是這樣，現在也是這樣，所有的菩薩沒有不依靠般若波羅蜜多的。怎樣依靠呢？將《心經》作為自己觀想的主要法門，以它的空性精神來引導自己，經常聽聞、思維它的法義，有緣時經常給

別人講授。

　　既然菩薩都不能離開般若，更何況我們這些凡夫呢？除了般若之外，還能用什麼方法修成正果呢？所以，般若波羅蜜多是成佛的根本。

　　依靠般若波羅蜜多的人，才是真正有智慧的人。依靠般若波羅蜜多的人，就不會有任何執著，即使處於五濁惡世，也宛如一輪皎潔的明月，縱然有時會有幾朵烏雲遮蔽，但明月仍然瑩澈、清淨而圓滿，並不會受到烏雲的影響。又如一朵潔淨芳香的蓮花，雖然生長在污濁的泥沼裏，卻能開出最美麗清香的花朵。

　　只有佛陀所傳下的般若真理，才是出離三界的唯一通道。它是世間任何學科都不能擁有的不共法門。

心無罣礙。

　　罣礙即牽掛、障礙，凡夫追逐外境、執取外境，時時處處都背負著沈重的牽掛、障礙，生生世世、終無了期。

　　宇宙的森羅萬象，都是心的變現與遊戲。一切現象如同一場夢，只是心的反射而已。我們的修行須臾也不能離開心的修行，心才是修行的主要方向，心解脫了，一切就解脫了；心不解脫——枝枝節節、千頭萬緒、雜亂無章，剪不斷理還亂，眾生就無從解脫。如果不通達這些道理，就會把眼所見、鼻所聞、耳所聽、身所觸等

紛紜無實的情節，當作千真萬確的事實。認為得失鮮明、高下迥異、美醜不同、尊卑有別，這些都是因為我們輕信了自己的眼耳鼻舌身意，上了它們的當，才會如此患得患失。

　　道理說起來雖然簡單易懂，但做起來卻並非易事。眾生被煩惱所牽引、被我執所障蔽，要放下執著，又談何容易？！作為修行人，我們應當時時刻刻自我警醒——一切的一切，不論當下多麼的栩栩如生、驚心動魄，都是虛幻不實的。如果能隨時安住於這樣的正知正見，就是一個心無罣礙的人了，這樣的境界，是多麼的輕安自在啊！但是，只要我們還有一絲執著——任何方式的執著，包括華智仁波切所顯現的對木碗的執著，龍樹菩薩所示現的對精美罐子的執著，就有一絲的罣礙，這都會成為解脫的障礙。

　　若能依靠般若空性來如理如法地對治，則不會被迷亂所障，相續中的各種煩惱障或所知障也可遣除無餘。身為佛子的我們，務必精進、精進，再精進，以期早日抵達一絲不罣的超凡入聖之解脫境界。

無罣礙故，無有恐怖。

　　通達了般若空性，則可斷除自相續中患得患失的種種分別念之障礙；如果障礙斷除，則依靠障礙所產生的恐怖就不會存在。

從廣義而言，三界輪迴中的恐怖是不可言說的，人有人的恐怖，天人有天人的恐怖，地獄眾生有地獄眾生的痛苦……凡夫時時處處無不處於恐怖之中——沒有得到的，唯恐得不到；已經得到的，又害怕失去。即使是正在修行的初學菩薩，也不能脫離恐怖的侵害。

雖然恐怖的大小、類別不一，但按照漢地古大德的一些講義來解釋，此處的「恐怖」，包括五種恐怖：

一、不活恐怖：為了衣食住行而終日奔波忙碌，時時為生活而憂心忡忡、瞻前顧後的恐怖；

二、惡名恐怖：唯恐無辜遭人毀謗，空落罵名、遭人非議的恐怖；

三、死亡恐怖：留戀娑婆世界，貪生怕死的恐怖；

四、惡道恐怖：畏懼三惡道之劇苦的恐怖；

五、大眾威德恐怖：因害怕出現過失而畏縮不前、退避三舍，不敢勇挑重擔的恐怖。

大凡有恐怖者，必定心存得失，這種得失心，就是因我執而引起的。當眾生陷於我執網中時，一切的實相都變得模糊不清，輪迴的無奈悲劇，便將生生不息的緊隨我們，始終難有出頭之日。

如果能了達萬法皆空，就是心無罣礙之人。這種人深深懂得：世間的一切變化，都只不過是一場終須謝幕的戲，三千大千世界的芸芸眾生，也只不過是這個夢幻舞臺的臨時角色，一切都是假的，一切都可以放下，無

論天氣晴朗陰冷，家境富裕貧困，別人讚嘆詆毀，都是鏡花水月，又何必作繭自縛呢？既然一切都是一場戲，又何必太在意情節的起伏跌宕呢？如果心中了無罣礙，就完全擺脫了一切是非對錯，心中必定安然自在、隨遇而安，沒有得失的不安與恐懼，沒有是非的焦慮或迷惑，沒有高下的驚憂與惶恐，這樣的人，已經完全從恐懼的陰影中走了出來，他的生命，已不再是痛苦的囚籠、恐怖的監獄，而成為無盡的幸福與喜悅。

要達到這樣的境界，關鍵在於修心。如果沒有學以致用，知道一些字面上的空性，便整天鸚鵡學舌、拾人牙慧，高談什麼「一切都是空的」，卻沒有進行實際的修持，沒有任何真實的感悟與體會，只是言空而不行空，就不可能獲得解脫。

當然，《心經》的加持力也是不可思議的，作為凡夫，即使不能真正通達《心經》的奧義，但如果能經常依靠《心經》，則即便在實際生活中，也能遣除很多違緣、痛苦和恐怖。

有一個居士曾經這樣跟我說：《心經》的內容我倒是不懂，但每次跟丈夫吵架時，我就關上門好好地讀一遍《心經》，然後就覺得舒服多了，再打開門看丈夫時，好像覺得他也變得慈悲多了，之後我們就又有了共同的語言。

這也是一種遠離恐怖。在座的道友可能沒有這種生

心經講記與實修法　附　心經要義辨析

活狀況，但有些金剛道友是住在一起的，可能偶爾也會生煩惱，在那個時候，你們也可以立即關上門，好好念一遍《心經》，然後便心無掛礙，無有恐怖了。

遠離顛倒夢想，究竟涅槃。

遠離，即永遠離開、徹底離棄之義。顛倒，即違背實相、本末混淆、倒置是非之義。以無常為常，以苦為樂，以無我為我，以不淨為淨。此等顛倒，都是無明煩惱所引發的。眾生各有其顛倒夢想：天人做的是安逸閑散夢，阿修羅做的是爭強好鬥夢，人類做的是富貴名利夢，旁生做的是吃苦受役夢，餓鬼做的是忍饑挨渴夢，地獄眾生做的是受苦受刑夢……唯有佛陀，方能遠離顛倒夢想而成就大覺。

人世如幻、浮生若夢，如果不能認知實相，就會在黑白顛倒、不明真假的輪迴困境中不得自拔。作為修行人，就必須依靠般若空性，看破世間的一切，了知萬法皆如夢幻泡影，絕不去貪愛執取，當心完全解脫妄念糾纏之後，一切才會顯現其本來面目，我們自相續中的障礙和執著才會得以遣除。

按照密宗的解釋方法是說：心的本性（如來藏光明）本來就是存在的，煩惱障和所知障本來就是沒有的，三界輪迴夢想般的顛倒執著也是沒有、是清淨的，所以眾生本來就是獲得涅槃的。但明白這種解釋的前提條件，

就是要精通佛陀第一、二、三轉法輪的道理，不是什麼人都能輕輕鬆鬆地理解。

但現在有些人卻認為密宗特別簡單。這次我到了上海和北京一帶，聽說一些人居然告訴居士們：加行不用修，苦行也不需要，只要交錢就可以代替修加行。所以很多人都向我提出這個問題：交六百塊錢可不可以代替修加行？我當時的回答可能會得罪很多人，我說：如果對方是個大成就者，那也不好說，但我一個凡夫人，可能沒有這個能力。

我們的傳承上師們，從無垢光尊者、榮素班智達，一直到麥彭仁波切、華智仁波切與法王如意寶等等，都特別強調修加行。如果修行只是交錢這麼簡單的話，會不會有修法的成就？如同麥彭仁波切在《定解寶燈論》裏面所講的一樣，我也會產生一種懷疑。

聽說有兩個大德在一起交談，其中一個是格魯派（黃教）格西，另一個是寧瑪派（紅教）大德。寧瑪派的上師問格魯派的格西：你說是黃教修法成就快呢，還是紅教修法成就快？黃教的格西就回答說：你們的法肯定成就快吧，因為你們的法只需要交六百塊錢就可以了。

這段對話雖然表面聽起來是個玩笑，但不管在宗派方面還是修法方面，這都是一個比較尖銳的問題。我想，如果修行人真的以這種方式「修行」，那傳承上師們的教言會不會因此而結束或隱沒呢？這方面的問題應

心經講記與實修法　附　心經要義辨析

該慎重考慮。

　　當然，我也不敢說這完全是非法，如果他們真的可以不需要修加行而使對方獲得成就，那他們這樣做當然也可以，我們也很隨喜。不過，有時候我也覺得，真正想以這種方式而成就，應該是很困難的。現在這樣的方便道也比較多，但這是好還是不好，也非常難說。

　　雖然修持密宗的確有一些方便捷徑，但如果沒有掌握好它的次第，想很快獲得涅槃，也是相當困難的。

　　丁四、（證悟般若空性之果位）：

三世諸佛，依般若波羅蜜多故，

得阿耨多羅三藐三菩提。

　　過去、現在、未來所有的佛，都是依靠般若波羅蜜多而獲得了阿耨多羅三藐三菩提。

　　三世是指過去世、現在世以及未來世。拘留孫佛等等是過去的佛；現在正在弘揚其教法的，以釋迦牟尼佛為主的很多佛是現在的佛；彌勒佛以及三界眾生是未來的佛。不管是已成佛，還是未成佛，都必須以般若為獨一無二的修行法門，不僅眾生與菩薩要依靠般若波羅蜜多而證得涅槃，即使十方三世諸佛，均不能離開般若而成就無上智德。十方諸佛從最初發菩提心，中間行菩薩道，直到最後成佛，無一不是以般若為先導，所以稱般若為諸佛之母，除此之外，別無成佛之道。般若波羅蜜

多是成佛的必備條件，只有依靠般若之大智慧，三界眾生才能真正出離輪迴。我們可以想像，既然連三世諸佛都不能離開般若法門而成道，凡夫眾生又豈能另覓蹊徑呢？

（有個禪宗和尚曾問我：禪宗的很多大德都獲得了佛果，但為什麼不叫五祖佛、六祖佛呢？因為娑婆世界有個規定，只有釋迦牟尼佛才是教主，才可稱為佛，其他的不能稱為佛。就像學校裏面只有一個人能當校長，而其他人不能當校長一樣。不知這樣比喻是不是合理，應該可以吧！）

「阿耨多羅三藐三菩提」是梵語的音譯，「阿」指「無」，「耨多羅」是「上」的意思，「三藐」指「正等」，「三菩提」指「正覺」，合起來就是「無上正等正覺」，這實際上是佛的異名。因為佛有很多功德，為了顯示佛的不同功德，所以會用很多不同的名號，如「圓滿如來正等覺」、「善逝」、「出有壞」等來稱呼佛陀。

但是，由於法界是既沒有時間也沒有空間概念的，諸佛的存在既沒有所謂的過去，也沒有現在或者未來，是超越三世束縛的永恒之法，所以，「三世諸佛」的說法，也是針對有時空妄念之三界眾生而言的。

我們應該了知，只有依靠般若空性，才能通達萬法真相，這樣的空性法門，是真正的見解脫、聞解脫、觸解脫，作為修行人能遇到這樣的法門，是非常榮幸，也

非常有緣的，所以，我們對《心經》應該有恭敬心，隨時攜帶、時常念誦這個法本，是非常有必要的。

作為修行人，如果能對上師和佛法有一種不共的尊重恭敬心，依靠這種尊重心，在自相續中也能獲得不共的加持和利益。

丁五、（宣說具有功德之密咒）：

故知般若波羅蜜多，是大神咒，是大明咒，是無上咒，是無等等咒。能除一切苦，真實不虛。

對於這一段，榮頓大師解釋道：以上已經宣講了基道果之般若，同時也宣說了般若空性的究竟功德，下面進一步宣說無上密乘的法。但覺囊派的達熱那他大師認為，將這一部分解釋為無上密法的說法是不合理的，但他並沒有講不合理的原因，只是不承認這種說法。

按照顯宗的觀點來解釋，這一部分實際上宣說的是具有功德的咒語。

這段意思是說：我們應該知道，上面我們講的《般若波羅蜜多心經》，實際上是一個大神咒。

什麼叫大神咒呢？大家也知道，世間有很多所謂的神通、神變——自己想獲得什麼樣的東西，可以通過一些方便方法輕而易舉地獲得。

作為修行人，依靠《般若波羅蜜多心經》，就可以像顯現神變那樣無勤獲得解脫、遠離痛苦等一切需求和

願望；又因為其無所不包，故稱為「大」，所以稱它是大神咒。

咒語的意思，並不是非要指「唵嘛呢唄美吽」或「唵班匝兒薩埵吽」等等，其他的任何語言都不叫咒語，有些以竅訣方式而具有殊勝能力、威力的語言，也可以稱作咒語。

《般若經》中也經常講，如果想獲得聲聞緣覺的果位，就需要學習般若波羅蜜多；要想真正獲得解脫，也必須要學習般若，所以，般若波羅蜜多是大神咒。

是大明咒：「大明咒」指「智慧的本性」。般若空性是智慧的本性，《心經》是賜予光明的咒語，猶如智慧的太陽，在它面前，所有以貪、嗔、癡為主的，具有黑暗、愚癡性的八萬四千煩惱當下就會被摧毀無餘；它能讓沈睡了無量劫的，昏沈愚癡的眾生從虛妄不實的黑暗睡夢中清醒過來，所以叫大明咒。

是無上咒：世間的任何咒語、學問，無論哲學、科學、儒學、道教，還是婆羅門的咒語、伊斯蘭的咒語，都比不上《般若波羅蜜多心經》這個咒語。甚至出世間的聲聞緣覺法門，也不能與之比肩，所以，《般若波羅蜜多心經》是超越一切、勝過一切、無與倫比的無上咒語。

是無等等咒：般若是佛母，能夠讓眾生脫離三界火宅，永別生死苦海，成就無上佛果，無一法能與她相等，故稱其為至高無上的咒語。不管是從文字上、加持

上，或者從中所得到的利益和功德上來講，任何一個咒語、任何一種語言，都無法比得上般若空性法門。

有些人可能會想：大圓滿應該能超過般若空性法門吧？這種想法是不對的。大圓滿的本體，實際上就是般若空性。無垢光尊者在講《大圓滿心性休息》的時候，也全部用《中論》、《中觀四百論》的教證來闡述大圓滿的本來清淨，所以，我們應當視之為究竟的依靠。

還有一些上師在解釋時說，「無等」，是指世間沒有一個人能等同的佛陀；後面的「等咒」，是指等同於佛陀的咒語，《心經》實際上與真正的佛陀與佛陀的咒語沒有什麼差別。末法時代的眾生雖然沒有緣分見到佛陀的面容，然而，當我們見到般若法門時，實際上與見到佛陀是沒有什麼差別的。

凡夫一般認為：念觀音心咒，是自己的分別念，或只是自己的聲音在念，外面肯定有一個實質性的觀世音菩薩，我念咒祈禱他以後，他就顯現神變過來了。我們的分別念是這樣想的，這是沒有通達密咒和本尊一味一體的誤解，是有過失的、不究竟的見解。

麥彭仁波切在《大幻化網總說光明藏論》中說過：咒語就是本尊。比如我們念觀音心咒「嗡嘛呢唄美吽」，實際上這個咒語就是顯現為文字形象來度化眾生的觀世音菩薩。真正通達密咒和本尊無二無別的時候，密咒就是本尊，本尊就是密咒；般若空性就是佛，佛就

《般若波羅蜜多心經》講記

是般若空性，除此以外，沒有別的佛陀。般若空性和佛沒有什麼差別，與佛是同體的。

有些論師認為，「無等等咒」是從自利的角度而言的——為了自利，而使自相續獲得佛陀的果位；「能除一切苦」，是從利他的角度而言的——依靠《般若波羅蜜多心經》的加持力，可以遣除所有眾生相續中的障礙、痛苦等等。

真實不虛：《心經》所講的內容，是真實不虛的，因為這是佛的金剛語、諦實語，其威力、功德和加持力一定能實現。依靠般若之航船，即能抵達真實究竟之法界彼岸。

念誦《般若波羅蜜多心經》，對即生證悟空性會有相當大的意義。念誦者即便今生不能證悟，在不久的來世，其相續中的般若空性種子也必將成熟，屆時此人必定會遇到般若空性法門，並能依此斷除輪迴的根本。就像《中觀四百論》中所講的：「薄福於此法，都不生疑惑，若誰略生疑，亦能壞三有。」不要說真正通達般若空性的意義，哪怕對空性生起一種合理的疑惑，也能斷除三有的根本。不言而喻，詮釋般若空性的《心經》，其功德是相當大的，故說此咒真實不虛。

有些講義中又以法性力來解釋這段話：三界一切皆如夢幻泡影，唯有《心經》所詮之般若空性，才是真實不虛，與法身空性無二無別的，故具有如是之加持。

心經講記與實修法 附 心經要義辨析

故說般若波羅蜜多咒，即說咒曰：揭諦揭諦
波羅揭諦　波羅僧揭諦　菩提薩婆訶！

因為具足這樣的能力，所以，觀世音菩薩當場宣說了般若波羅蜜多咒，也即如何修持上文所宣內容的方法。

揭諦揭諦：「揭諦」有「去」的意思，還有「證悟」的意思；「揭諦揭諦」就是「去吧！去吧！」，讓你去往的意思；

波羅揭諦，「波羅」是彼岸的意思，即請你到彼岸去；波羅僧揭諦，到真實的彼岸去；

菩提薩婆訶，「菩提」是正等覺的意思，「薩婆訶」就是我們平時咒語中經常念的「梭哈」，是一種祝願詞，意即「請你去」，「願你去，祝願你證悟」。「梭哈」也有「到那裏去安住」的意思。在安住的後面，有一個願詞，意即「但願你安住」。

整段咒語的意思是說：去吧，去吧，請你到彼岸去，到真實的彼岸去，到菩提的境界中去安住！也可以說：去吧，去吧，但願你到彼岸去，但願你到真實的彼岸去，但願你安住於正等覺的境界！

眾生住在輪迴的此岸，佛陀住在涅槃的彼岸，但願所有眾生都能精勤邁步，最終到達彼岸——證得菩提之勝妙果位。

此段咒語還有一層含義是：第一個「揭諦」，是讓我們跨入資糧道；第二個「揭諦」，是勉勵我們進入加行

道。「波羅揭諦」，是令眾生邁向菩薩一地的見道。「波羅僧揭諦」，則是鼓勵鞭策我們走向二地以上的修道；「菩提娑婆訶」，就是趨入無學道，也即佛的果位。

這說明，修行和證悟得果並不是可以一蹴而就的，還是要講究次第——先修資糧道，然後修加行道，之後證悟見道，就這樣一步一步圓滿修持五道。

按照藏文的讀音，也即比較接近梵文的讀音來念，這段咒語讀為：「達雅塔」（即真如、善逝如來正等覺中的善逝的意思），「嗡（表示吉祥或祝願的開端詞）嘎得嘎得（揭諦揭諦），巴嘎得（波羅揭諦），巴僧嘎得（波羅僧揭諦），布達耶所哈（菩提娑婆訶）。」

可能英文版的《心經》主要是從藏文版或梵文版翻譯過去的，以前跟法王如意寶去美國、加拿大時，我們發現英國人念的這段咒語的讀音和藏文發音比較類似，甚至比藏文還清楚。前段時間我在杭州機場碰到一位居士，他懂日文，我就讓他念日文版《心經》，也聽到日本式的「巴嘎得」的念誦方式，基本上還是和藏文發音類似。以前上師如意寶去新加坡時，參加了一個迎請斯裏蘭卡比丘到新加坡的法會，當時也有一部分斯裏蘭卡的比丘念誦《心經》，我當時的印象比較深，因為他們的發音和中文有些相似。當然，雖然每個國家都因母語發音的不同而在念法上不盡相同，但其內在含義卻是一樣的。

不過我想，如果念誦漢文《心經》，還是按照玄奘

心經講記與實修法 附 心經要義辨析

譯本的咒語文字來念誦會比較好。唐玄奘對佛教的貢獻那麼大，上師如意寶也講過很多關於他是菩薩化身的公案，至於其他譯師是不是成就真實語的大德也不好說，當然，如果是成就真實語的大德，其所翻譯的咒語就會有加持力。

不僅是佛教徒，在具有佛教意識的國家中，普通百姓念誦《心經》的傳統也相當興盛。很多《心經》註釋中也介紹，在美國、法國、馬來西亞、柬埔寨、阿富汗等國家，《心經》已經不再專屬於佛教文化的範疇，而且也成了一種深入人心的民族文化。由此可見，《心經》已無處不在，早已融入人們的日常生活當中了。

你們千萬不要想：這麼簡單的咒語到底有什麼加持啊？麥彭仁波切在宣講《百咒功德》時，真的讓人對很多咒語生起了很大的信心。比如，雖然表面看來，「嗡嘛呢唄美吽」或「達雅塔，嗡牟尼牟尼嘛哈牟尼耶梭哈」好像沒有什麼價值，但實際上這些咒語的加持力並不是我們凡夫所能思維的境界。覺囊派的達那塔，還有榮頓大師的註釋中也這樣講：咒語的功德不可思議。

《心經》是佛陀與觀世音菩薩所宣說的、具有加持的金剛咒語，其功德是不可思議的，平時或遇到一些違緣與不如意的事情時，如果沒有時間念誦全部的《心經》，可以只念這個短咒，這樣也有相當大的功德。

諸佛菩薩以大慈大悲力宣說此咒語，也是為了告訴

《般若波羅蜜多心經》講記

我們：住於三界輪迴此岸，掙紮於洶湧翻滾之生死苦海中的可憐眾生們，不要再這樣渾渾噩噩地迷惑下去，獲得人身是非常不容易的，現在應該好好修行，爭取早日離開這個恐怖的輪迴。去吧，去吧，趕快到彼岸去吧！一定要到菩提佛果之涅槃彼岸去！

盡管眾生漂泊於生死險境當中，受盡了百般折磨、千種苦楚，但絕大多數眾生卻安於現狀，根本不考慮什麼解脫不解脫、涅槃不涅槃的問題，相續中始終生不起出離心，根本不願意離開這個輪迴。

此處，佛陀給我們這些有緣眾生指示了解脫之通衢大道，但能不能解脫，卻依賴於我們自己，眾生的命運都掌控在自己手裏，佛陀也不可能把我們一個個扔到涅槃的彼岸去。

作為佛教徒，我們應該提起正知正念，隨時提醒自己：無始以來，我與眾生在這個三界輪迴中已經飽受了各種苦難，如果再這樣待下去，什麼時候可以得到解脫呢？現在對我而言，世間的工作、生活、名聲、地位等其他什麼都不重要，都是如幻如夢的現象，最重要的，就是解脫——為了利益眾生而獲得佛果，所以，我這輩子應該盡力修持出離心、菩提心與空性法門，至少要在相續中打一個基礎——於臨死之前，讓真正的出離心與菩提心在自己的相續中生起來，如果能達到這一目標，則即使這輩子沒有得到解脫，下輩子也一定有解脫的希望。

心經講記與實修法 附 心經要義辨析

如果大家在心裏有一個這樣的打算，依靠我們的願力和行動，就一定能脫離輪迴之牢獄。

最近非常流行的美國電視劇《越獄》以及電影《肖申克的救贖》，都是講主人公如何歷盡艱辛、費盡心機從監獄中逃出來的故事。的確如此，盡管監獄裏面有吃有穿，自己也可能是監獄裏面的犯人首領，有一定的地位，但這畢竟是監獄，永遠得不到絕對的自由，所以，還是早一點逃出或爭取提前釋放比較好。同樣，雖然我們現在可能有吃、有穿、有地位，能享受到一些暫時的安樂，但不管怎樣，輪迴的本質卻是痛苦和不自由的，只有獲得解脫，才能解放自己，並最終解放無量的眾生！

以上，玄奘譯本的內容就講完了。

下面繼續按藏文譯本（法成法師譯藏，任傑老師由藏譯漢）講解第六個問題

丁六、（教誡修學般若法門）：

法成法師是藏王赤熱巴堅時代一位非常了不起的譯師。他在佛教經籍的漢譯藏與藏譯漢方面作出了傑出的貢獻，在漢譯藏方面，如《賢愚經》、《楞伽經》、《解深密經》以及《寶積經》的部分章節等等；藏譯漢方面，如敦煌石窟發掘的古書中，也有法成法師所譯的《般若波羅蜜多心經》，這個版本跟藏文本的內容極其

《般若波羅蜜多心經》講記

152

吻合。以前上師如意寶宣講《賢愚經》時，我就對他十分佩服——不僅翻譯的文字特別優美貼切，而且也使藏地那麼多人從中受益，對藏地眾生實在具有不可估量的價值，真是功德無量！

我知道很多人都能翻譯，也基本上能表達原文的字面意思，但在佛經翻譯方面，譯師的證悟境界也是非常重要的，像法成法師這樣的譯師所翻譯的經典，應該是非常可靠的。

舍利子，菩薩摩訶薩，應如是修學甚深般若波羅蜜多。

觀世音菩薩宣說完密咒後，繼續告訴舍利子：舍利子，大菩薩應該這樣修學甚深般若波羅蜜多。

此處，觀世音菩薩總結整個《般若波羅蜜多心經》的內容，然後教誡、交付於舍利子（實際上也是教誡後人）：凡是發了菩提心的大菩薩，一定要盡己之力好好修學以《心經》為主的般若空性。

這是很重要的，彌勒菩薩也說過：獲得見道的根本因有三種：第一是給別人宣講般若；第二是讓別人現證般若空性的意義；第三是自己入定修習般若，這三種功德是不可思議的。

《大般若經》中也講：這三種因可以產生見道的功德和境界，其中的每一種因都有無量功德。

宗喀巴大師的《金鬘論》中也說：如果能讓聲聞種

心經講記與實修法 附 心經要義辨析

性的人受持般若空性，使其於此境界中安住哪怕只有一天，這個功德比令整個三界眾生都獲得聲聞果位的功德還要大。

《大圓滿心性休息大車疏》在密宗部分也講到：安住一剎那空性的功德，也大於為三界眾生賜予慧眼的功德等等。

上師如意寶以前給大家念過《心經》的傳承，有些人也在其他的堪布面前得過這個傳承。以後如果因緣具足，我們應盡心盡力給別人傳授《心經》。當然，一方面所講的內容要盡量符合佛經經義與高僧大德們的密意，這一點很重要，不能隨隨便便地講（大家都知道，連現在世間開會，如果沒有註意而講錯了話，也會犯法的）；另一方面要有利他的悲心，然後自己也經常安住於般若空性中，如果這樣做，功德是非常大的。如果實在是沒有人願意聽，就多印一些《心經》發給有緣的眾生，讓他們與《心經》結個緣。

去漢地時，我時常會印一些《心經》發給大家，並囑咐他們多念。在人心渙散、物欲橫流的當今時代，想給外面的世間人講《心經》，並不是一件容易的事。

我曾遭遇過這樣的尷尬場面，有一次，應一些居士的邀請，我到一個城市給大家傳講《心經》。在聽課的過程中，他們不但心不定，身體也不定，講的時候我往下面觀察，發現好多人都是一副麻木的表情，還有一些

《般若波羅蜜多心經》講記

人中途相繼離開了，我心裏真有一種說不出的滋味，不是自己被冷落的失落，而是看到大家與般若法門缺乏緣分的遺憾。

在學院講《心經》就完全不同了，有這麼多大乘根基的人，講法時，大家一直聚精會神地專註聆聽，中間一個人也不會起來亂跑，很多金剛道友也好像安住在一種空性的境界中，對傳講者而言，這真是一種享受。

過去講《金剛經》時，我自己也對《金剛經》生起了很大的信心，凡是見到別人，就千叮嚀、萬囑咐：你要多念《金剛經》，多念《金剛經》啊！隨著時間的推移，《金剛經》的功德又在逐漸淡忘，現在講《心經》，又開始四處宣傳《心經》的功德了。

乙二、（經佛認可而遣除懷疑）：

爾時世尊從彼定起，告聖者觀自在菩薩摩訶薩曰：善哉善哉，善男子，如是如是，如汝所說，彼當如是修學般若波羅蜜多，一切如來，亦當隨喜。

從本文一開始，釋迦牟尼佛即安住於甚深光明等持中，當舍利子問完所有的問題，觀世音菩薩講完《心經》的所有內容之後，釋迦牟尼佛才從甚深光明的禪定中出定。當然，佛的出、入定本來是沒有什麼區別的，但顯現上是佛在這個時候才出定。這就像在一個道場中，有一位大上師什麼話也不說，一直坐著，同時下面

心經講記與實修法　附　心經要義辨析

155

有一個上師問，另一個上師回答，當全部提問和回答都結束的時候，大上師才開始給大家說話一樣。

此時，佛從禪定中出定，並開始讚嘆觀世音菩薩：好的好的（善哉善哉），好（善）男子，是這樣，是這樣的（如是如是），不管是詞句還是內容，你說的一點都沒有錯。正像你所說的一樣，大家應該修學般若波羅蜜多，不僅是我釋迦牟尼佛，包括所有如來，都會對此隨喜的。

「爾時世尊從彼定起」以前的內容，全部是佛陀意加持的佛經，而這一段是佛陀親口所說的佛經，後面一部分則是佛開許的佛經。

為什麼此經要由佛陀最後認可呢？有些藏傳佛教的講義認為，這牽涉到幾個理由：其一，如果佛沒有讚嘆的話，舍利子會這樣想：我提出的問題是不是錯了？他心裏會有一種疑惑；其二，觀世音菩薩也會有疑惑：佛陀在場時，我雖然宣講了般若波羅蜜多空性，但到底我講得對還是不對？其三，其他的天人、羅剎、夜叉等眾生也會這樣想：剛才舍利子已經提出問題，觀世音菩薩也給我們宣說了般若，但觀世音菩薩說得對還是不對呢？如果得到佛陀的認可，舍利子會想：我今天提出的問題這麼殊勝，連佛都認可了；觀世音菩薩心裏也想：太好了，我今天的回答讓佛陀都高興了，依靠佛陀的加持，我肯定完全說對了；其他眾生也想：今天觀世音菩

《般若波羅蜜多心經》講記

156

薩所說的這些話，實際上是佛陀所認可的，佛剛才也說「善哉善哉」，那就跟佛說的沒有任何差別了。

現在也是一樣，對於有些新法師講的內容，如果上師沒有表態，下面的人就不知道到底對還是不對，如果上師簽字或親口說「對，你講得對」，大家心裏才會踏實。以前學院的一些堪布剛開始講法時，也需要得到一些大堪布的認可，如果沒有得到認可，下面的人也會有點疑惑：到底他講的是正法還是非法？堪布自己講的時候，心裏也七上八下：到底我講得對還是不對？如果上師如意寶開口說：「你講得很好，講得很好！」，那上上下下所有人的懷疑都會遣除，從此以後，這個人的講法就好像跟上師的說法沒有什麼差別了，所以，這種認可是必不可少的，從佛教歷史上看，佛陀的這種認可也是非常有必要的。

甲三、（隨喜讚嘆）：

時薄伽梵說是語已，具壽舍利子，聖者觀自在菩薩摩訶薩，一切世間天人阿蘇羅乾闥婆等，聞佛所說，皆大歡喜，信受奉行。

佛陀認可之後，負責提問的舍利子，回答問題的觀世音菩薩，以及在場的世間人、天人、阿修羅、乾闥婆等無量無邊的眾生（每次佛陀說法的時候，都有無量無邊的各種不同形象、不同顏色、不同語言、不同種類的眾生聚集一起）都生

心經講記與實修法　附　心經要義辨析

起歡喜心，並發願依教奉行。（雖然這段文字非常短，但加上這段才是一部完整的經。）

我想，這次傳講《心經》，可能也有很多我們看不見的眾生在聽聞，願他們也能早日獲得菩提果位！

《心經》是文字般若，為我們指示了一條永斷無明、了脫生死的門路。在這五濁惡世，唯有憑借佛法的大智慧，才能讓我們順利地出離三界。其他任何的世間學問或宗教，都不可能像佛法一樣，能使眾生沈積已久的迷癡、妄想、無明、執著蕩然無存，獲得無上的解脫果位。

般若波羅蜜多是珍貴的，值得用全副精力去學習與修持，我們一定要珍惜今生的學佛因緣。唯有放下一切對三界的留戀，才能打開解脫之門；唯有不計較一切風風雨雨、得得失失、是是非非，才能迅速回到永遠不需要流浪的避風港——涅槃之彼岸。

如果只是燒香拜佛，求佛賜予世間的功名利祿、榮華富貴，就沒有領略到般若的內涵，只是形象上的學佛，而不是真正的學佛。

現在社會上很多人認為學佛是迷信，當然，確實有些佛教徒是迷信的人，因為他們不知道佛教的真諦所在——心外求法、執妄為真。真正的迷信者，就是不懂般若的學佛者與世間人，因為他們迷戀於世間的色相——明明諸法皆為空相，卻誤認為真——無止境地追

《般若波羅蜜多心經》講記

求，從而造業受報。不僅在現實生活中執迷不悟，即使是在更為虛幻的網絡世界裏，也是執妄成真、不能自拔。

不久前，天津13歲的少年張瀟藝為了追尋網絡遊戲中的英雄朋友，從一棟24層的高樓頂上縱身一跳；山東省德州市的19歲少年張亮亮為了湊足上網費而劫殺打工妹；南京市的一位父親為挽救迷戀網絡遊戲的兒子，兩次割腕自殺；武漢的一位母親為了勸說長期沈迷網吧的兒子，以跳江尋死相諫⋯⋯根據美國精神病學會的資料，目前至少有6%的網迷患有強制上網癮。

據說，在網絡遊戲《傳奇》中，一個初學者若要修煉到38級（總級別是50級），花費的上網費用和遊戲點卡費用共約4000多元，這還不包括佔用的大量時間、精力以及情感的隱形投入。有些玩家在辛辛苦苦升到30多級之後，被黑客用木馬軟件盜取了密碼和賬號，資金、時間和情感的投入一下子「煙消雲散」，就像世間人為名利錢財苦苦奔忙操勞，好容易積累了一點財富和榮譽，不料卻遭到盜匪的偷竊，仇家的陷害一樣。

在眼下炙手可熱的大型網絡遊戲《魔獸世界》中，多名玩家因過分迷戀遊戲中的虛幻世界而先後意外身亡。生命的脆弱和猝然離去，給所有遊戲癡迷者敲響了警鐘，但是，在現實這個虛幻世界中，哪怕有無數人為其粉身碎骨、肝腸寸斷，但又有多少人能夠幡然醒悟，

心經講記與實修法　附　心經要義辨析

放棄這些如幻如夢的世間安樂呢？

《普賢菩薩警眾偈》云：「是日已過，命亦隨減，如少水魚，斯有何樂？大眾當勤精進，但念無常，如救頭燃。」如果今生不好好修行，整天在世間八法上忙忙碌碌——家裏的私事，單位的公務，有錢的人忙著怎麼花錢，沒錢的人忙著怎麼掙錢，空性境界就不可能從天而降！人身難得，佛法難聞！幾十年的時光一晃而過，我們沒有理由不為將來作打算。如果遇到了甚深般若法門，卻既不願聽聞，更沒有修持，則像入寶山空手而歸一樣令人惋惜。

我們應當好好地思考一下，專心修行的時刻已經到了，如果不抓緊時間，恐怕就來不及了。學佛最重要的，是出離心、菩提心與空性慧。解脫不需要意氣用事，而需要長期的堅持。真正學佛的修行人，不是求佛，而是求自己，不斷地清除自己的無明習氣，時時刻刻與自己的我執作鬥爭。最後讓我們一起發願：但願依靠般若空性的加持、依靠佛陀和法王如意寶的加持，能使普天下的所有眾生都獲得暫時和究竟的利益！

提問與解答

1、提問：上師，我這一生都過得十分坎坷，這是不是因為前世造的惡業太多所導致的呢？

解答：有些人在自己的人生生涯當中，一直都一帆風順，沒有遭受過什麼風風雨雨、艱難波折，而有的人卻是命運多舛、舉步維艱，這都是前世所造業力的結果。佛經裏面也說過「若知前世因，今生受者是；若知來世果，今生作者是。」也就是說，如果想知道自己前世表現如何，看看自己今生的遭遇就可以很容易地推知；如果想知道自己來世的境遇如何，看看自己今生的舉止就可以很容易地得知。今生感覺快樂，是因為前世積善所致；今生多行善業，來世就能更多地感受善果，就會過得很快樂。

如果我們遇到這樣的困難挫折，決不能因此而一蹶不振，甚至選擇自殺，佛教徒不是懦弱的，而是堅強的，對於人生的種種不幸，要有直面勇對的膽識和心力，更要有扭轉命運的勇氣和信心，一次不成功，還有下次的機會，只要不放棄，我們就一定會收到意想不到的效果。

由此也可以知道，佛教不是消極的，而是積極的，任何事情都會因自己的努力而改變，前世的惡報也許會因現世的某種善業而消滅，我們不相信宿命論，我們只相信因果不虛。

2、提問：堪布老師，您剛才講到，如果聲音是實有的，那麼它們的性質就應當固定不變，但因為不同的人對同一個聲音有不同的感覺，所以聲音就不是實有的。不過，事實上對所有的人來說，盡管每個人的感受各不相同，但有一個共同點卻是不可否認的，那就是大家都聽到了，或者這個桌子大家都看到了，這又應當如何解釋呢？

解答：你先不要坐下來，我們一起來探討這個問題。比如說，如果一個聲音被三個人同時聽到，那麼這個聲音究竟是好聽的聲音，還是不好聽的聲音呢？如果三個人的感覺各不相同，那豈不成了三個聲音了，因為一個實有的聲音不會發生本質上的變化。

好聽和不好聽，這只是態度的問題。

這不是態度的問題，而是由每個人的業力所形成的業感。就像六道眾生同時去看一碗水，有的會看成鐵水，有的會看成膿血，有的會看成住處，有的會看成甘露等等一樣，正因為水不是實有的，才會因觀察者的不同而發生變化。如果人類一口咬定那是一碗實有的水，其他道的眾生一定會起來反駁，因為他們明明看到的就不是水。同樣，因為不同的人對同一個聲音有不同的感受，所以聲音也不應該是實有的。

抉擇聲音的空性，還有其他辦法，比如用時間的長短來分解等等，此處我不多說，大家如果有興趣，可以看看中觀方面的論著。

《般若波羅蜜多心經》講記

3、提問：堪布上師，有一種說法認為，般若可以歸納為《金剛經》，《金剛經》可以歸納為《心經》，而《心經》又可以歸納為一個字，那就是「空」，那麼，該如何區分世間、小乘、大乘與密乘的空性呢？

解答：沒有學過佛法的世間人認為，碗裏面一無所有，經堂裏空無一人，就是所謂的空性；小乘行人認為，僅僅人我不存在，就是佛陀所說的空性；大乘行人認為，一切萬法皆為空性，雖然有如夢如幻的現象，但其本質卻根本不可能存在；密乘認為，一切萬法都是本來清淨的大光明，當然，這種見解比較深奧，大家不一定能夠理解。在一開始，我們可以先將萬法抉擇為中觀所說的空性，這種空性不是僅僅不存在的單空，而是遠離一切戲論的大空性，無論是空、不空、亦空亦不空、非空非不空這四邊的哪一種情況，實際上都不存在。等到這種見解穩固之後，就會對佛法與上師生起堅定不移的信心。作為密乘弟子，更要在穩固見解的基礎上修持五加行，在修完五加行之後，再去修持密乘，那時就會有手到擒來之感，因為密乘的見解自然而然地就生起了。

4、提問：堪布，請講一下念佛與觀空的關系，究竟是念佛重要，還是觀空重要呢？

解答：念佛是很重要的，尤其對一些文化不高、分別念不重的老年人來說，念佛更為重要。在念佛以後，

內心可以平靜，罪障也可以消除，修持淨土的人如果能一心一意地念佛，肯定能收到殊勝的效果。

《般若心經》講的是空性，是禪宗最為推崇的經典，但卻不是禪宗獨有的見解，任何一個大乘佛教的宗派，都應當承認並修持《心經》。

很多不明事理的人認為，淨土宗與禪宗是互相矛盾的，漢傳佛教與藏傳佛教也是水火不容的，坐禪觀空的人，就不能念佛；而念佛的人，又不能觀空性。其實，所有的佛教，都是釋迦牟尼佛傳下來的，所有的佛教徒都是釋迦牟尼佛的弟子，大家不應該把界限劃得如此分明，所有的佛教都是圓融一體的。在念佛的同時，也可以觀修空性，在觀修空性的同時，也可以虔誠地念佛，這二者之間是相輔相成、互相促進的。雖然在勝義當中，念佛是空性的，但在世俗當中，念佛卻能夠積累資糧，往生淨土。

昨天我聽說，這裏的工作人員從來不排斥任何一種教法，無論是小乘佛教的比丘，還是藏傳佛教的法師，在這裏都能受到同樣的尊重，我聽了十分高興。佛經當中也說過，我的出家人再不好，但僅僅以身披袈裟的功德，也理當受到人天的禮敬，更何況依教奉行、嚴持淨戒的出家人呢？

現在很多人就有這樣的一些想法：「既然我是學禪宗的，就決不能念佛，更不能修持密宗」；或者「我是

《般若波羅蜜多心經》講記

學密的，密法是最上乘的，淨土宗算什麼，禪宗也不過如此……」；或者「密宗出家人是要吃肉的，他們沒有一點菩提心，我可不屑與他們為伍！」……總之，只要誰不能接受對方的宗派，就一定要挑出對方的毛病來批駁一番，這就是沒有領會到佛教的真正內涵所引起的。

很多人所謂的佛教徒並沒有真正地學佛，在每天的二十四小時內，要麼睡覺、要麼玩耍，剩下的時間，也是忙於世間法，既不看佛法的經論，更不修持佛法，這樣就不會有什麼收獲，在遇到一些大是大非的重大問題之際，就無法觀空，所有的執著，都一下子跑出來了。

如果我們能每天抽出一定的時間來修持，經過長年累月的積累，就一定會有切身的感受和體會，就能真正體會到佛法的博大精深、無所不包的寬闊境界，到那個時候，就不會有這些是是非非的分別，也不會有這些對錯好壞的取捨了。

註：本講記的內容，是由各地的《心經》開示匯集而成。聽法者先後不一，講法者的側重點也有所不同，為了讓各種根基的讀者都能從中受益，故保留了很多針對不同人的教言，若有前後矛盾處，敬請諸位諒解！

心經講記與實修法　附　心經要義辨析

《般若波羅蜜多心經》講記

《心經》修法

　　之前，按照藏傳和漢傳佛教一些高僧大德的教言，我們對《心經》的內容作了字面上的簡單介紹，大家應該反復推敲思維，力爭掌握其內容。如果不懂《心經》，那麼，學習中觀或其他甚深法門，也會有一定的困難。凡是佛教徒，都應該重視這個法門。

　　僅僅會念誦，不懂得其意義；或僅僅懂得意義，卻不身體力行其教義也不行。

　　現在世間也有一部分人專門從學術的角度探討、研究《心經》，但這部分人並沒有真正領悟《心經》的含義，也可以說，他們還沒有品嘗到《心經》裏面所包含的殊勝味道。

　　為什麼這樣說呢？因為這種理論性的研究，就像一些西方哲學一樣，完全是紙上談兵式的探討，並不具有實際的價值。現在很多世間人對三寶既沒有恭敬心，對佛法也沒有定解，他們學習、探索這些佛法的原因，一方面出於一種個人愛好，另一方面，可能也有想通過這種途徑而獲得名聲、地位、或是財產等目的。

　　佛教界也有一些辯論、研討、講說《心經》的人，但他們可能也從來沒有思維、修行過其中的真義，因此也無法領略《心經》般若空性的教義。有些出家人從出家開始，直至白髮蒼蒼之前一直在辯論，但如果僅僅只

心經講記與實修法　附　心經要義辨析

是早上辯、晚上辯，每天都說「無眼耳鼻舌身意，無色聲香味觸法」，卻從來不去思維為什麼沒有，為什麼大慈大悲的佛陀要宣說一切萬法——從色法乃至一切智智之間的所有法都不存在的道理？如果從來沒有真正思維並實際修行的話，我們的心相續中就很難真正體悟到般若空性的教義。

因此，包括法王如意寶在內的很多大成就者，也嚴厲地遮破了兩種人：一種是每天都耽著在一些詞句糠秕上的人；另一種是什麼聞思基礎都沒有，整天只是盲修瞎練的所謂參禪打坐的人。

作為真正的佛教徒，既要有廣聞博學的智慧，也要有腳踏實地的實踐修持。先在具有法相的善知識面前聽聞《心經》教義，聽完後自己要思考其意義，如果沒有思考而僅僅聽聞是不行的；而如果僅僅是思維，又沒有真正修持，也無法得到《心經》的精髓。

就像我們宣傳一個東西如何如何好吃，即使說得再清楚，對一個從來沒有品嘗過這個東西的人而言，仍然無法了知這個東西究竟是如何好吃，只有他自己親口嘗了，才能徹底清楚。同樣的道理，如果通過聞思對般若空性有了正確的認識，也進行了思維，但要了知它的真正味道，就一定要修持。

當然，由於眾生的根基意樂千差萬別，也有一部分人很難做到廣聞博學，但即便如此，最起碼也應該不離

《心經》修法

《心經》這樣的修法，這一點我們應該能夠做到。

修持《心經》的人需要什麼樣的條件呢？首先是對上師三寶要有虔誠的恭敬心，這是不可或缺的，如果對上師三寶沒有恭敬心，就不可能在自己的心相續中生起這樣的空性意義。印光大師也說：佛法的所有功德都是依靠恭敬心而獲得的；其次，是對眾生要有大悲心（如果自己的悲心還不足夠，就要經常依靠《入菩薩行論》等一些能令自相續生起菩提心的論典，以培養自相續中的悲心與菩提心）；其三就是空性正見。修持《心經》的法器，就是要具備上述三個條件。

在這個基礎上，還要了解《心經》的所有內容，至少要理解經文的字面意義。真正修持的時候，按嚴格的要求來講，還要像《經莊嚴論》中所講那樣，具備十一種作意、九種助行等等，因為不管修什麼禪定，都需要具備這些條件，但如果無法達到這些要求，最起碼也要具足上述三個條件，這是很重要的。

具足三個條件之後，如果想專門修持，首先需要準備好修持的外緣：

其一，修行打坐之前，要把裏裏外外的一切事全部處理完，否則，正在打坐的時候，才想起電爐沒有關、煤氣沒有關，然後馬上從坐墊上站起來，驚慌失措地往外跑，這就很難專心致誌地修法。以前噶當派的好多格西都有這樣的教言：在坐禪的過程中，即使是父親死了

心經講記與實修法　附　心經要義辨析

也不能出門。我們在修行時也應該這樣想：坐禪的時候，不管發生任何事情，我都絕不分心！

其二，要定好修持的時間，即安排好每天用多少個小時進行修持，上午修幾座，下午修幾座。

我以前也講過，如果沒有任何竅訣，光是一早起來就一直什麼都不想地坐著，想起一點雞毛蒜皮的事情，便馬上出定，這種方式並不叫坐禪。真正的坐禪一定要有觀修，比如觀釋迦牟尼佛的身像，觀修菩提心、出離心，或按照以前所得的一些空性或大圓滿的修行方法，或依照上師如意寶或其他上師本來清淨、任運自成的一些教言來修持。

在《七寶藏》和《上師心滴》中，無垢光尊者也曾有這樣的教言：如果一直修一些無念、不作意的法，最高也就是轉生到無色界。不管坐什麼禪，首先應該有一個所緣境，比如，觀修釋迦牟尼佛，就應該把釋迦牟尼佛像作為所緣境；如果修菩提心，就應該將菩提心的修法作為所緣境……坐禪的時候，還是應該按竅訣來修持。

其三，不管修什麼法，自己的佛堂要收拾得整整齊齊，打掃得乾乾淨淨。

修《心經》時，供臺上要陳設釋迦牟尼佛的唐卡或是佛像，還要供奉《心經》、《金剛經》或其他的般若經函，然後擺放一些小佛塔，並在三寶所依前陳設供品，比如五供等等，如果五供不能全部具足，則可以隨

《心經》修法

自己的經濟能力點一些香，供一些清水，供品需要陳設得非常悅意、莊嚴（一般而言，不管陳設什麼樣的供品，之前都要把自己的手清洗幹淨）。

　　所有的準備完成之後，以毗盧七法坐式坐在一個比較舒適的坐墊上，然後開始正式修行：先念皈依偈皈依三寶；然後發菩提心：我今天依靠《般若波羅蜜多心經》坐禪修空性，並不是為了自己獲得阿羅漢果位、治病或獲得什麼名利等等，我修殊勝般若的目的，只是為了利益天下無邊的一切眾生。

　　發完菩提心之後，就與修其他法門一樣，先吐三次垢氣，觀想無始以來以貪嗔癡為主的所有煩惱障礙全部從自己的鼻孔中排出，然後讓心完全靜下來，並開始想：我今天所修的法，就是《般若波羅蜜多心經》，依靠這個法，我要獲得成就。以前很多高僧大德的《心經》修法竅訣裏面都是這樣講的，首先要有這樣一種很強烈的作意：我要依靠《般若波羅蜜多心經》成佛，我修持的唯一法門，就是《般若波羅蜜多心經》，然後一直這樣作意，之後又從頭開始，大概觀修一百次左右。如果感到身心疲倦，就可以迴向以後出定休息，也可以轉修其他的法。這樣算是一座。

　　最開始的一、兩天，不需要思維《心經》的意義，而要這樣專門作意，藏傳佛教前輩高僧大德的教言中都是這樣講的。如果每天上午坐五次，下午坐五次，每一

座當中都這樣作意一百次，則一天就能作意一千次。這樣的結果，用世間的話來說，就是讓自己的心和《般若波羅蜜多心經》之間的感情變得很深，有一種特別相應的加持。

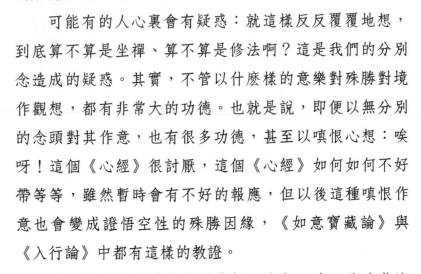

可能有的人心裏會有疑惑：就這樣反反覆覆地想，到底算不算是坐禪、算不算是修法啊？這是我們的分別念造成的疑惑。其實，不管以什麼樣的意樂對殊勝對境作觀想，都有非常大的功德。也就是說，即便以無分別的念頭對其作意，也有很多功德，甚至以嗔恨心想：唉呀！這個《心經》很討厭，這個《心經》如何如何不好帶等等，雖然暫時會有不好的報應，但以後這種嗔恨作意也會變成證悟空性的殊勝因緣，《如意寶藏論》與《入行論》中都有這樣的教證。

這不像我們平時的胡思亂想，比如，今天我吃什麼菜啊，買不到菜啊，今天天氣很幹，怎麼不下雪啊等等的，沒有任何價值的分別念，這些分別念不僅對今生沒有用，對來世也沒有用，但如果以《心經》作為對境來作意，就有相當大的功德。

第二步坐禪的方式，開始還是一樣，先作意——我要依靠《心經》而成佛，我要修《心經》。之後，就思維從緣起直至最後的隨喜讚嘆之間的教義。

具體如何觀修呢？比如觀修十二處，就是用離一多因、金剛屑因等中觀的觀察法，對這個問題進行思維剖

《心經》修法

172

析，從而抉擇出十二處不存在，然後安住於這種境界當中。部分智慧稍高一點的人，可以將《心經》的內容從頭到尾觀想一遍，如果自己的智力有限，就觀想其中的部分內容，比如五蘊或十八界等等，將這部分內容反復觀想安住四十至五十次左右，將此作為一座的禪修內容。這一步是最關鍵、最重要的。

雖然我們平時也聽聞、思維過《心經》，但聽聞、思維所得的智慧與修持所得的智慧是完全不同的。我們現在的聞思任務比較緊，除了一些閉關的人以外，想專門實修恐怕也不大現實，但在聞思的同時，通過剛才的方法一步步去推理，最後就能在自己的相續中油然而生定解：以五蘊、十八界為主的所有輪涅器情萬法名言中如夢如幻地顯現，勝義中遠離一切戲論。在這樣的空性境界中，哪怕只有一剎那的安住，也具有無量的功德。以前的很多高僧大德都是這樣修持的。

作為初學者，首先肯定需要以離一多因、金剛屑因、有無生因，或者其他的一些推理來進行觀察，到了一定的時候，就在觀察所得到的境界中安住。當然，對於從來沒有和空性法門相應，也沒有對空性進行過思維的人來說，剛開始時會有一定的困難。以上是《心經》的正行修法。

很多上師也講：根據自己的情況來修是很重要的。比如，上午打坐兩次，每座大概半個小時或一個小時。剛開

心經講記與實修法　附　心經要義辨析

始時時間不能太長，當自己真正能安住在這樣的空性境界中以後，將時間稍微延長一點也可以。如果感覺有點不舒服，就不能再繼續修下去，如果強迫自己修，就可能會出現精神錯亂、厭倦修行，或一些其他的問題。

在這種情況下，應該思維《心經》的功德，釋迦牟尼佛和觀世音菩薩的功德，般若空性的功德等等。這樣憶念一方面可以消除疲勞，另一方面，自己的空性見解也會有所增長。

修任何一個法，都要與自己的四大相應。在麥彭仁波切、華智仁波切等很多高僧大德的教言中也說，修法時適合自己的心意很重要。如果自己本來身體就不好，還要強迫自己：遇到這樣的空性法門很難得，不管我的心臟如何，即便再痛，我也要使勁修。不但醫生認為你的做法不對，而且很多上師也不讚同這種做法。

不管修什麼法都不能強迫，強迫的效果不但不好，有時候還會起反作用，所以要張弛有度，一方面有一種精進力，另一方面也要適時地放鬆。如果覺得不適應，就不能再繼續修下去，而應該適當地休息。

修持的時候，首先抉擇一切萬法為空性，然後在這樣的空性光明境界中安住。上師如意寶在有些密法教言中講，這樣的安住可能也有兩種：一種是真正的安住，就是不離空性境界的安住；還有一種安住，是接近於愚昧、昏迷狀態的阿賴耶識，在這種狀態中好像說是也不

是，說不是也不是，只是一種迷迷糊糊的，什麼分別念也沒有的狀態，這不是什麼境界，而是修行過程中的一種歧途，不應該把它作為什麼修行的境界來看待。

在修行中，自始至終都要對般若空性有很大的信心，這個很重要。有時候可能會有實在修不下去的意念，因為從無始以來，我們一直串習的都是什麼都存在——「我」存在，「柱子」存在，「瓶子」也存在，包括形形色色、裏裏外外的所有法都存在，我們一直都是這樣認為的。如果一下子說這些法全部都沒有，就跟我們原來的串習、心態不相應，此時，我們首先應該以破除有邊的單空方式來修。

在專修《心經》期間，座間休息的時候，也不能離開讀誦、書寫、供奉、思維、聽受、傳講《心經》等善事。

以上是修《心經》時需要註意的幾個問題。每次觀修圓滿的時候，就要迴向：我這次依靠上師三寶的加持，能有觀修《般若波羅蜜多心經》這樣殊勝的因緣，願以此功德迴向三界輪迴所有可憐眾生，願他們早日獲得解脫！

這個時候心裏應該生起更強烈的大悲心，大家也清楚，對三界輪迴的眾生而言，不要說這樣甚深的般若空性法門，有些甚至連佛的名號也聽不到。包括有些金剛道友的家鄉，也的確算是邊鄙、黑暗、愚癡之地——很多人可能連三寶的名稱都沒有聽到過，甚至還會對三寶

生邪見。那裏的有些人一看到出家人，就仿佛看到了夜叉或是羅剎。有些道友回家的時候也問過我：「我可不可以在回家時穿在家人的衣服，不然我的家人、親朋好友都會非常不方便？」聽到這種情況，我心裏真是說不出的難受。

所以，在迴向時，我們應該祈願，願天上地下無量無邊的所有眾生，都能早日依靠般若空性法門獲得成就！

迴向出定以後，自己平時的言行舉止都應該處於如夢如幻的狀態中，盡量在不離覺性的狀態中利益眾生。

修持《心經》以後，我們的相續中應該生起這些功德：一方面對般若法門和整個大乘佛法生起堅定不移的信心；另一方面，對可憐眾生也能生起更強烈的悲心：以後有機會，只要對方能接受，哪怕只有一個人，我也一定要把自相續中對《心經》的證悟，以及《心經》所宣說的道理講給對方聽。如果這個人能好好地讀誦、受持《心經》，我就沒有白來這個人間，我的任務就算大功告成了。

如果目標訂得太大，就不一定能實現。比如，一開始就想：我要一個人度化普天下的所有眾生！這個願望在短短的一輩子能不能實現就很難說。即使在釋迦牟尼佛的傳記中，也有他在因地時用一輩子的時間來度化一個眾生的公案，所以，我們也應該量力而行。

《心經》修法

176

有時候我也這樣想：自己的相續中雖然沒有什麼證悟，但對空性法門和三寶的信心應該是千真萬確的，今生不管遇到什麼樣的違緣或困難，這種信心都不會被摧毀。除非是自己得了精神病或者是著了魔，在這種情況下誰也不好說，這種時候人的心態是非常難掌握的，但除此之外，我對三寶的信心，對佛法的正信，不管任何科學家、醫學家怎樣說，都肯定是不可動搖的。

在這個寂靜的山溝裏聞思將近二十多年了，二十多年之後，才終於在自己的相續中培養出這樣一個小小的凡夫正見，即便是這樣小小的凡夫正見，恐怕也是很多人所沒有的。在穿著袈裟的出家人當中，也有對三寶、因果半信半疑的人。所以我想，如果能將這個正見傳遞給別人，我就沒有白來這個世界！

《心經》修法就此圓滿。

新年寄語

Jan.28，2006，在傳講《心經》的過程中，剛好值遇2005 年除夕。辭舊迎新，人們都沈浸在新年的快樂之中——和家人、朋友圍爐夜話，等待新年的鐘聲敲響，並祈願來年吉祥圓滿。與此同時，在藏地雪域寒冷寂靜的喇榮山谷，也有一群精勤修行的紅衣僧侶圍坐大恩上師身邊，以講聞《般若波羅蜜多心經》的方式度過這個美好之夜，祈願以此功德令佛法興盛！世界和平、國泰民安！眾生遠離殺戮之苦！如母有情遠離三界輪迴，早證無上菩提！

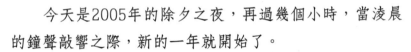

今天是2005年的除夕之夜，再過幾個小時，當凌晨的鐘聲敲響之際，新的一年就開始了。

今天，在大多數的城市或鄉村，大家的心情都很快樂，我們這裏也有很多道友仍然有這個習氣，因為從小到現在都有這樣的習俗。但同時我們也要想到，人類過年的日子，也是很多動物失去最寶貴生命的日子。今天，在各大城市的餐廳或很多家庭的廚房裏，有無數眾生面臨被宰殺的命運。

在座的道友們雖然已經出家或學佛了，所以今天不會有殺生的行為，但我們中的很多人在還沒有出家，或還沒有學佛的時候，每年過年或過生日的時候，都會殺害很多眾生——我們的開心快樂之日，卻是動物的死日，這是非常可怕的一件事。

《心經》修法

雖然漢傳佛教一貫奉行食素，漢地也有很多素食館，但整體來看，漢地殺生也非常厲害。以前臺灣的海濤法師對一些西藏的出家人說：「你們西藏的喇嘛非常不好，因為你們吃肉！」一個喇嘛就回答說：「我們出家人雖然吃肉，但可能一年連一頭牦牛的肉都不一定能吃完，你現在雖然是出家人，但你以前在家時，肯定吃了無數的眾生」。海濤法師聽了很不好意思，半天回答不上來。

有些喇嘛和覺姆對我說：以後不能再戒肉，越是戒肉，對肉的貪心反而越大。但依我自己的經驗來看，倒沒有這種現象，應該是一年比一年好，現在看見什麼樣的肉，我都沒有一點想吃的感覺。

藏地和漢地的習俗有些不大一樣，一般來講，藏地過年的時候，尤其是在每年除夕，很多藏民會發願——在這一天裏不造任何罪業，不殺生、不說妄語，守持八關齋戒等等，大家對這一天特別重視。漢地卻恰恰相反，每逢這個日子，很多人都會造作無量的罪業。

可能在座的很多人都無法計算，自己一生中吃過多少海鮮或其它動物，不要說因滿足自己的口腹之欲而間接殺害的，光是自己親自造下的殺業，可能也有很多吧，一百、二百，或數以千計？尤其是生長在海邊的人，那就更可怕了。在不久的來世，我們肯定需要以生命來加倍償還這些命債的。

於此之際，我們應該回憶這些罪業，以四對治力屬

力懺悔，並在心裏發起猛厲的誓言：不僅今生，祈願我生生世世都不要再造這樣的惡業！祈請十方諸佛菩薩和傳承上師垂念我，我發願從現在開始，直至明年此時，寧可餓死也不吃動物的肉！

如果能在佛像或上師像前這樣發願，一方面能夠清淨以前的罪業，另一方面，我們活在人間的生活也會非常清淨，自己吃一頓飯也不會造下惡業，相反會有很大的利益。這樣一年一年發願，相信大家都會養成良好的食素習慣。大家應該發菩提心，要有以佛法利益眾生的心態，如果實在無法利益眾生，心裏也要發願：我這輩子一定要盡心盡力修學佛法，發菩提心，並以此來度過自己的一生。大家來到這裏的目的，也應該是這樣的。

以前上師如意寶也說過：剛開始的時候，大家都沒有壞的想法，都想在這裏好好地聞思修行，但過了一段時間，自己相續中的煩惱就會增長，如果不以正念攝持，最後自己也沒辦法控制，出乎意料的一些事情也會發生，所以，大家首先應該以正知正念來攝持自己，這是非常重要的。當然，這裏也有很多道友在聞、思、修各方面都特別精進，這也是令人非常欣慰的一件事。

在今天課程結束念《普賢行願品》時，大家心裏應默默迴向：雖然我沒有能力勸阻人們造惡業，但是，依靠諸佛菩薩不可思議的願力和我們的清淨善願力，必定能使他們早日醒悟，最後共證菩提！

《心經》修法

《心經》要義之辨析

佛陀二轉法輪所宣講之般若，大略言之有廣般若、中般若、略般若之分。廣狹般若之意義，在《心經》裏已涵攝無餘。而「色即是空，空即是色，色不異空，空不異色」（這幾句話藏漢文譯本的順序略有不同，此處只就藏文譯本作一辨析）這四句，又是整個《心經》精華之要義，若能明了這四句經文的意義，也就抓住了般若空性的本質意義。

下面就對這四句話作一扼要分析：

首先來看「色即是空，空即是色」：凡夫根識前所見的色法，聖者見為空性，故名「色即是空」；而聖者所見的空性，凡夫又見為色法，這就成了「空即是色」。這兩句是觀待凡夫與聖者不同的所見分開了二諦，字句意義不是很復雜，比較容易理解。這一觀點為前譯派諸論師共同承認。

再看「色不異空，空不異色」：與前兩句不同的是，這兩句經文是從破除分開二諦的執著角度而言的。依照藏文的字面含義，它的直接意義就是——色以外沒有空，空以外亦沒有色。一般而言，若按字面意義直接理解，往往會錯解原文含義，以致產生疑義。

這裏有可能產生的疑難是：若色以外沒有空性，那就說明色和空性是一體性的關係。如果二者關係為一

體，那又會產生新的問題——色屬有為法的範疇，難道空也因此成為了有為法嗎？色乃世俗諦，空性不也成了世俗諦嗎？而且色為凡夫根識所見，空性亦應為凡夫根識現量親見等等。

再者，若空性以外無有色法的話，如果按照上述的理解思路繼續錯解下去，就會跟著發難：這樣的話，空性與色法也應成為一體關系，那麼請問：聖者見空性時是否也就意味著見到了色法？空性是無為法，與之相應，色法便也成為了無為法；還有，空性屬勝義諦，色法不也同樣歸屬於勝義諦了？

由此可知，如果想了解這兩句經文的真實意義，那就必須遣除這些疑難。

通過分析這些所謂的疑難點，不難發現對方的誤解：對「色以外沒有空性」，他以為如果色以外無有空性的話，那空性就變成了色法，因而產生了空性乃有為法，並成為凡夫根識所見等問難。而對於「空以外無色」，他又理解成空性以外色法雖不存在，但色還是以與空性一體的方式而有，所以又產生了聖者見空性時還見到色法等疑難。

不過，如果根據第八世噶瑪巴的《現證講義》和布頓大師的弟子仁欽華等論師的觀點再做分析的話，這兩句話的意義則可按如下方式進行理解——

妄心造作而成的色法，本來就不存在，當體即是聖

者所見的空性，故云「色以外沒有空」。這句話的所破是對二諦的分開執著。執著者又是怎樣分開執著二諦的呢？——色法在勝義中不存在，世俗中有；或者色法在聖者智慧前不存在，而在凡夫心識前有(色即是空，空即是色)。正因為有如此的執著，所以以上所述「色以外沒有空」的真實說法，方才能破除有些人對色與空分開執著的垢病。

比如對一個想尋找白色海螺的膽病患者，我們可以直接告訴他：除了你眼前的「黃海螺」以外再沒有另外的白色海螺。如果他一直以為眼前有黃海螺的話，那他又怎麼能聽懂這句話的意思呢？如果他了知了「黃海螺」根本就不存在，只是由於自己的膽病才造成這種錯覺，那他就會直接拿起眼前的「黃海螺」，並指認道：這就是白海螺！

以此比喻可以說明，產生疑難的原因在於：問難者沒能理解「色」在名言中也不存在，也就是說色法在二諦中均不存在。我們應該將上例的比喻表達方式與「色以外無空」的內涵對應起來理解。

除了聖者所見的空性之外，名言中亦無色法，所以「空性以外沒有色法」，此即是「空不異色」。這也同樣能破除對二諦分開各自的執著，就像白色海螺之外無有黃色海螺一樣。

除了對色法可以上述理論破析外，受、想、行、識

等基法以及信心、慈心等道法，還有如所有智、盡所有智等果法，都可以同樣理解。比如內觀心識以抉擇心識的空性本質時，我們可用「心即是空，空即是心，心不異空，空不異心」的方式，推導出心識的空性。其餘諸法皆可以此類推。

我個人以為以上所述之解釋四句的方式與意義(即分開二諦解釋前兩句，以及以破分開二諦之執著的方式解釋後兩句)，是對這四句話字面意義最直接的表述。

下面我們再來看看其他論師對這四句話，從不同層面所做的不同解釋，首先論述沃巴活佛的兩個講法。

沃巴活佛在《見派分別論》中這樣論述道：「色即是空」可破除有邊，因若以勝義理論進行抉擇，色法根本就不存在，故可謂破除了有邊；而「空即是色」又能破無邊——雖說色法本質上並不存在，但因緣假和時又會在凡夫的分別心面前無欺顯現，並非如龜毛兔角般何時何地都不顯現，因此可謂破除了無邊。

那麼，「色不異空」破的又是哪一邊呢？——破二俱邊！為什麼說破的是二俱邊呢？沃巴活佛並沒有詳加說明，但我個人認為，這句話的字面意思，正如噶瑪巴等論師所說的那樣，以色在世俗中也沒有的方式，能破對二諦分開的執著，但這並不是直接的破二俱；不過我們可以此類推，既然連色都沒有，那當然也就沒有與色相觀待的空了，如此就能破掉二俱邊。

同理，「空不異色」能破非二俱邊。「空以外無色」的字句意思，上文已講明，這裏活佛為什麼又要把「空性之外沒有色法」與破非二俱邊對應起來呢？我個人的看法是，雖說空性遠離四邊，但若將四邊與四句對應宣說的話，破非二俱邊恰好可與「空不異色」相對應。

除此以外，沃巴活佛還有一種說法，完全可與中觀四步對應起來：顯現是空性(色即是空)；

空性即緣起(空即是色)；色不異空，從字面上理解即為色以外沒有空性，而若與中觀四步對應時，它的所指就成為——緣起即雙運，雙運指無有單獨的色法，也沒有別別的空性，現空皆融入一味法界；空不異色——雙運即離戲，字面含義是說空性之外無色法，對應而言，則指空性遠離一切戲論。這樣的解釋，是為了照顧與四步的對應，故非文字的直接意思，而屬間接含義。

再來看看大圓滿殊勝祖師布瑪莫札尊者的化身——堪布阿瓊，在《前行引導文筆記》中對這四句經文的另一種理解：「色即是空」是指以空破除有邊；「空即是色」則以顯現破除無邊；「色不異空」以顯現來破有邊；「空不異色」又用空性破除無邊。

堪布對前兩句的解釋，和上面的幾種觀點沒有太大的差別，而對第三句的解釋，則不能將之理解成如上文所述的色根本無有，而應抉擇為依靠緣起顯現的色法，

心經講記與實修法　附　心經要義辨析

來破除執著實有色法的有邊，如同用緣起理論抉擇空性一樣。「空不異色」則可理解為以空來破除無邊，因空性並不是指何者亦無，空空如也的斷滅無，而是遠離無邊之義。這一點和第四句直接的字面意義「空以外無有色法」不是很相合，故非字面的直接意思。但堪布對此句的解釋以及對「色不異空」的解釋，卻與宗喀巴大師在《三主要道論》中表達的見解不謀而合：「了知以現除有邊，以空遣除無有邊。」

　　以上這幾種觀點，都是依照自空派的見解而作的宣說。下面再看一看他空派對這四句又是如何理解的：

　　覺囊派祖師達拉那塔尊者在《心經註釋》中如是解釋：

　　「色即是空」一句中的「色」，指的是如來藏的光明、圓成實性色，並不是凡夫根識前所見之色。這個「色」上沒有遍計、依他起等不清淨法，故謂「色即是空」。不清淨的諸法當然是應該空掉的，但這裏的「空」絕不可理解為只是單空。其實，究竟而言，「空」就是光明(達拉那塔尊者在其所著的很多論典中，都表述過這一觀點——我們所認為的遠離四邊的空，只是分別心增益的產物，法界當中根本就不存在這樣的空分)，「空」就是圓成實法性色，故曰「空即是色」。這兩句最終要表達的意思是：顯現的一切不清淨法，本性就是遠離戲論的如來藏光明。

而「色不異空」，則指除了圓成實法性色以外，別無空性。至於「空不異色」，則謂除了空性以外，沒有別別的圓成實法性色。總合這兩句，意思是說，對客塵的空性不能理解成僅僅只是一個單空，而是說空性、光明不是兩個別別獨立的法，它們實乃無二一味、一真圓融。

全知麥彭仁波切在《時輪金剛大疏》中，根據時輪金剛修法的境界，對這四句話又作了如下的解釋：「色即是空」，「色」指在修六支瑜伽的過程中，瑜伽士境界前出現的如幻如夢的煙、陽焰等空色的顯現；「空」指煙等空色是遠離微塵和剎那的自性，這裏所「空」的是剎那、微塵法，而不是一切萬法，故「色即是空」。而遠離微塵和剎那的空性，在瑜伽士的修行境界中又顯現為煙等十種空色，因此說「空即是色」。這二句說的是，瑜伽士修證境界中所現的空色，不是凡夫根識前所見的色法。

再看「色不異空」——因為煙等十種空色是遠離微塵和剎那的自性，空色以外別無空性。而「空不異色」則指空不是如虛空般什麼都沒有的空，而是具足殊勝空色相的空性。這種講法和他空宗的講法相似，不同之處在於：他空宗是從如來藏自體的角度進行闡釋的，此處則指在瑜伽士的修證過程中，光明遠離客塵因而從中顯現出清淨色法。前者如太陽，後者恰如太陽的光明。

全知龍欽巴尊者在《如意寶藏論自釋》中，對這四

句著重從內觀瑜伽士的修行角度另有解釋，其說法非常獨特，幾乎從未見諸其他論典。不過，因意義過於艱深，我本人亦很難完全通達，這裏只能邊揣摩，邊對之進行較為簡單的表述：

「色即是空」：色不是指五根識前所現的外境色，而是指第六意識前所顯現的如幻外境之影像，這個影像並不是外境的微塵色法(那麼影像的本質又是什麼呢？它的本質其實也就是分別心)，所以「色即是空」。「空即是色」是說影像雖不是外境，但因緣聚合時，意識可以顯現出外境的明顯影像，所以「空即是色」。這個影像本來是第六意識所現的色法影像，凡夫卻誤認為乃外境自相存在的色法。故前兩句可破除對影像和外境一體的執著。

「色不異空」，影像色以外沒有他體的無實有的外境存在，這裏的空是指無實有的外境，並不是指單空；「空不異色」，無實如幻的外境顯現以外亦沒有他體的意識前所現的外境影像色。這兩句能破認為影像色(分別心)和無實外境是別別他體法的執著。

四句總的意思是說，影像色和外境非一、非異。在瑜伽士的修行過程中，每當生起分別念時，我們就可以依靠這種竅訣(分別心和分別心的對境非一非異)進行對治。這裏我們需要了知的一點是，許多因明論典中都承許影像的本質就是分別心。如此看來，上文雖表面上在

說影像和外境的關系，其實，它所觀察的正是分別心和外境的關系。

除了自空以外的以上三種解釋，都是從對四句經文究竟密意的角度而作的宣說。

除此之外，印度的陳那論師、西日桑哈、布瑪莫札等尊者，還分別著有關於《心經》的幾種講義，但我從中並未發現除了上述六種觀點以外，還有其他與之有明顯不同的新說法。

以上分別引述了自空宗、他空宗以及密宗對《心經》中這關鍵四句話的開示，但我們不能一取一捨，或者認為一者正確，一者不正確，這是因為前輩諸大德對《心經》的不同宣說乃是從不同的側面——或直接，或間接，或從密意修行角度而作的不同開顯。若對不同的講法都能理解，則可謂已通達了這幾句經文的意義。它們雖字句極簡，卻涵攝了顯密見修的關要。我們理當從多角度數數思維，如此方能生起定解，而不能僅以字面上的囫圇理解為滿足。

最後偈曰：

　　　虛空雖無邊，一穴無遺見。
　　　世尊廣大教，依此偈可達。

齊美仁真堪布
作於色達五明佛學院

心經講記與實修法　附　心經要義辨析

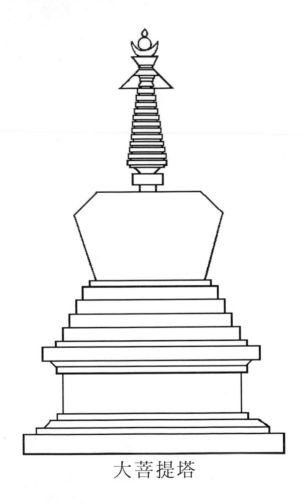

大菩提塔

《心經》要義之辨析